信仰的力量

——焦裕禄的青少年时代

焦裕禄干部学院 编著

人民出版社

焦裕禄同志用自己的实际行动，塑造了一个优秀共产党员和优秀县委书记的光辉形象，铸就了亲民爱民、艰苦奋斗、科学求实、迎难而上、无私奉献的焦裕禄精神。

习近平

2009年4月1日

要特别学习弘扬焦裕禄同志“心中装着全体人民、唯独没有他自己”的公仆情怀，凡事探求就里、“吃别人嚼过的馍没味道”的求实作风，“敢教日月换新天”、“革命者要在困难面前逞英雄”的奋斗精神，艰苦朴素、廉洁奉公、“任何时候都不搞特殊化”的道德情操。

习近平

2014年3月18日

焦裕禄烈士墓后屏风墙纪念壁上镌刻的毛泽东为革命烈士的题词

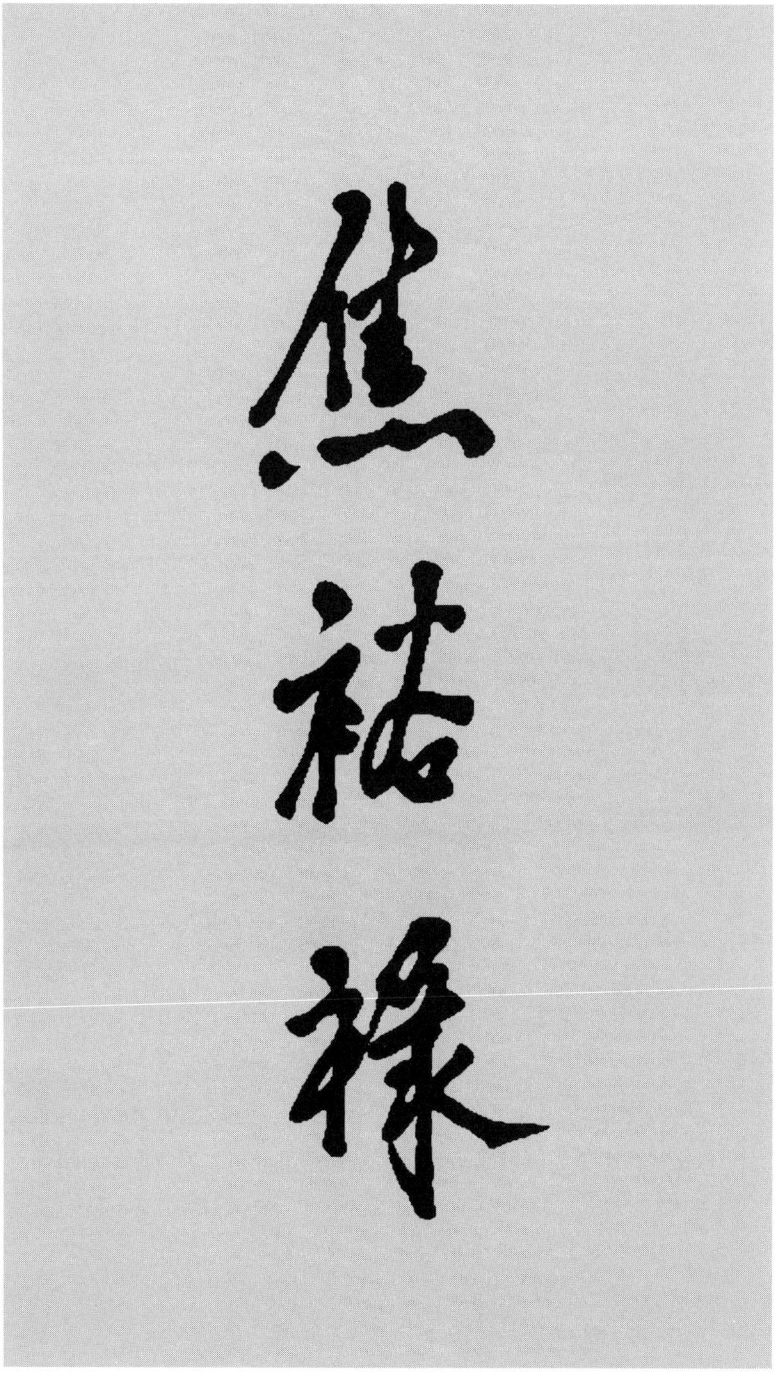

1990年6月15日，邓小平为纪实文学《焦裕禄》一书题写书名

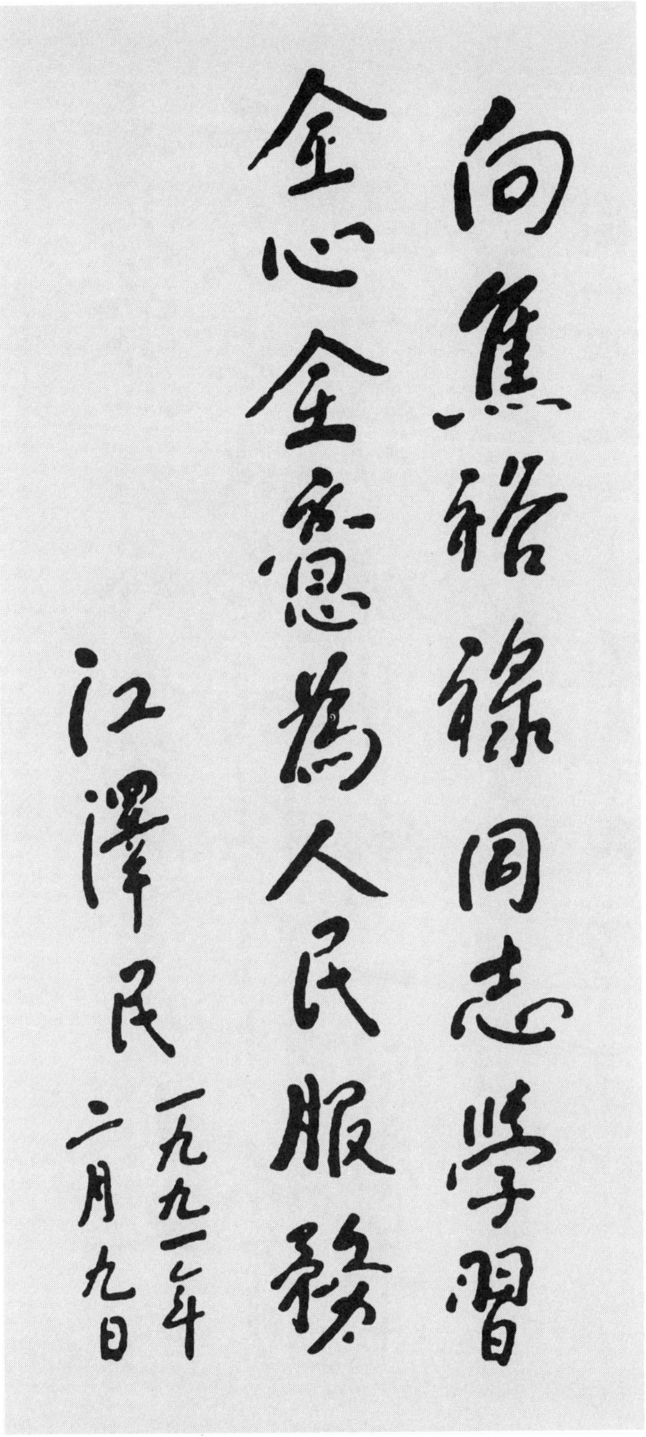

1991年2月9日，江泽民参观焦裕禄同志纪念馆后题词

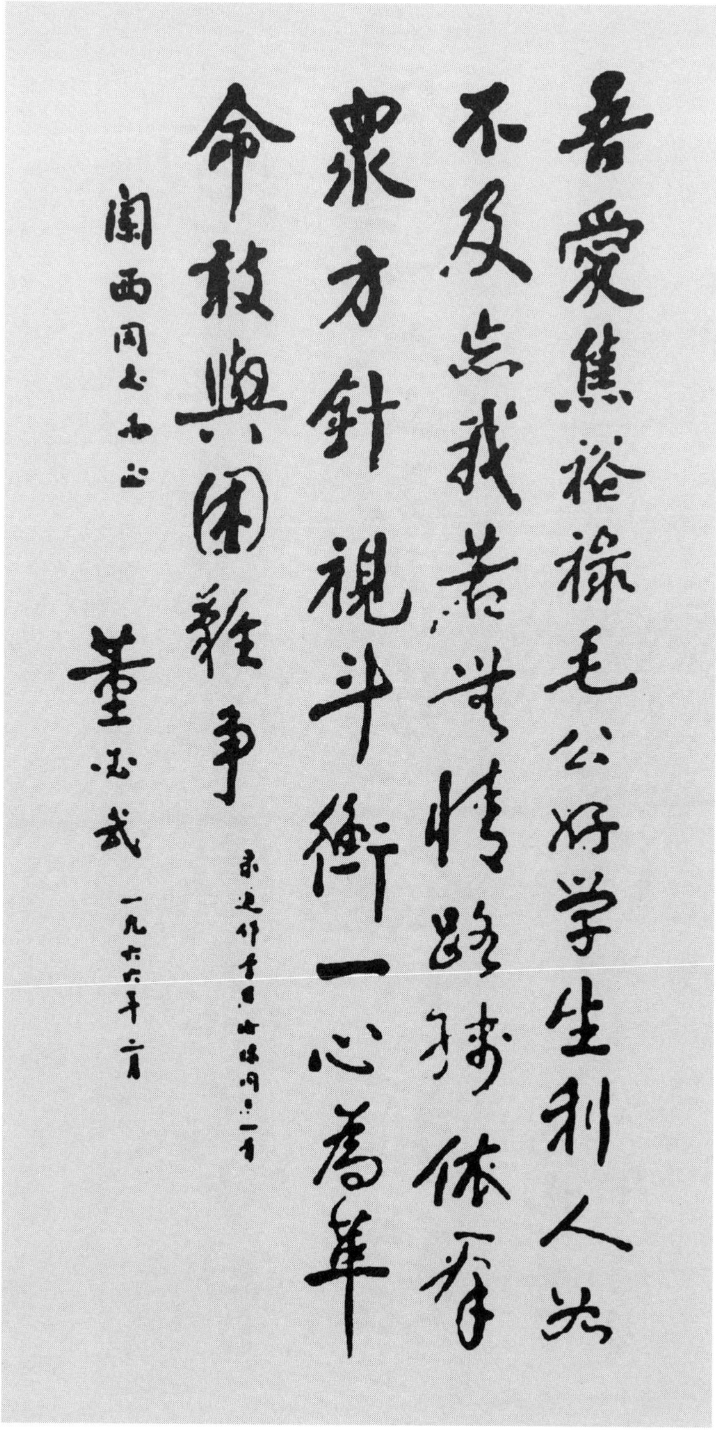
吾愛焦裕祿毛公好学生利人如
不及忘我若無情路線依群
衆方針視斗衡一心為革
命敢與困難爭
董必武

1966年2月9日，董必武题词：吾爱焦裕禄，毛公好学生。利人如不及，忘我若无情。路线依群众，方针视斗衡。一心为革命，敢与困难争。

向人民的好干部焦裕禄
同志学习

陈云 一九九〇 · 五 · 四

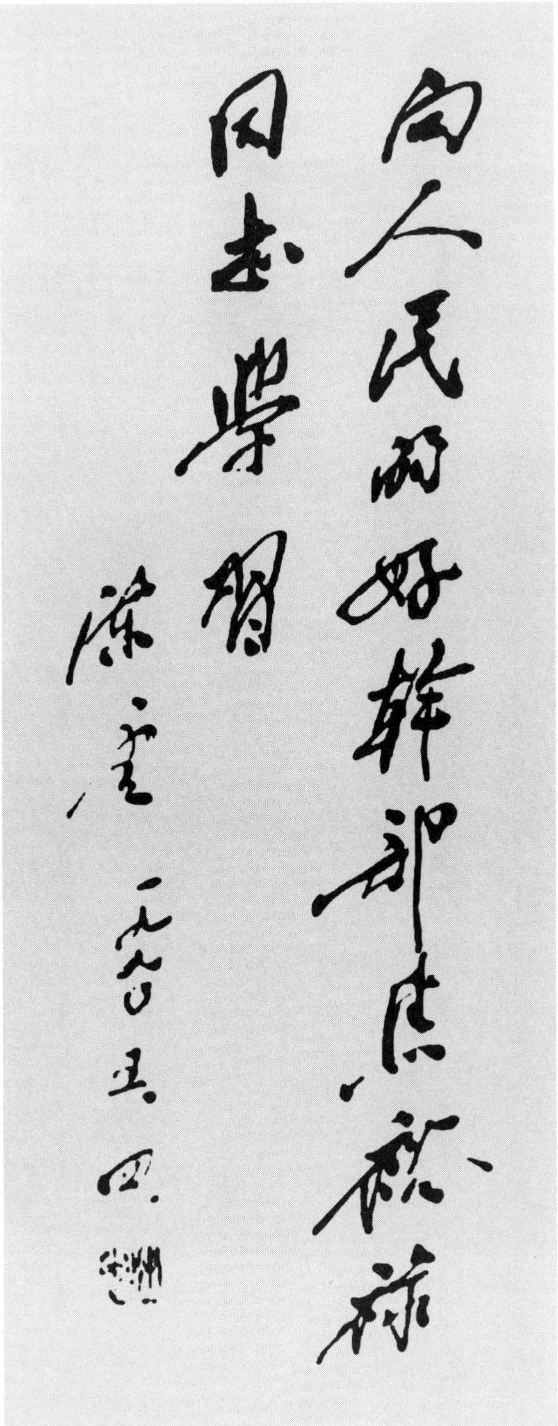

1990年5月4日，陈云为纪念焦裕禄逝世26周年题词

焦裕禄在1963年3月亲手种植的泡桐树旁留影（摄于1963年9月）

目录

前言

近代中国经历了一个受尽屈辱、任人宰割的百年阵痛期。自1840年鸦片战争以来，被西方列强的坚船利炮打开国门的中国拖着遍体鳞伤的身躯步履蹒跚地在黑暗中摸索前行。在此期间，无数的中华优秀儿女为寻找光明，他们在无声的呐喊之中与命运做了不屈的斗争，出生于1922年的焦裕禄就是其中之一。

焦裕禄是迎风破浪、冲破黑暗的斗士。

“黑夜给了我黑色的眼睛，我却用它寻找光明。”在黑暗、吃人的年代，为了生存，还是个稚嫩的孩子，焦裕禄就不得不做苦工、下矿挖煤，甚至背井离乡去谋生。从少不经事、父亲被逼死、母亲食不果腹、外出逃荒要饭，到备受折磨、流离失所。他看到了旧世界的丑恶，看到了侵略者的凶残，他不甘心屈服于悲惨的命运和奴役压迫，不断地抗争。残酷的现实、非人的磨难，不仅没有摧毁青少年时代焦裕禄的意志，反而更坚定了他寻找光明的决心。他一直在黑暗中踯躅前行，蓄积力量，等待机会！他决心要“砸烂旧世界。”

焦裕禄干部学院正门

然而，一个少年的力量是渺小的，面对日本帝国主义控制的抚顺煤矿心狠毒辣的监工，面对凶神恶煞的鬼子，焦裕禄把仇恨埋在心里。机会终于来了。中国共产党领导的解放事业如燎原之火席卷大江南北，激发着人民的昂扬斗志，年轻的焦裕禄血液在沸腾，思想在燃烧，当他看到了前进的方向，当他找到了救人民于水火之中的共产党后，他就义无反顾地选择了中国共产党。

焦裕禄是为民请命、敢于担当的脊梁。

在旧社会，闹革命是要抄家的，焦裕禄不怕；加入共产党，是要游街杀头的，焦裕禄无惧。独有英雄驱虎豹，更无豪杰怕熊罴。当达官显贵的孩子还在私塾念书时，当土匪恶霸的孩子还在放浪形骸时，当乡下的孩子还在捏泥人过家家时，少年时代的焦裕禄，就已经与日本侵略者进行抗争。他加入民兵组织，参加游击队，为人民的解放事业进行了英勇斗争。他还在两年多的时间内，随军南北转战。

鲁迅说过，“我们从古以来，就有埋头苦干的人，有拼命硬干的人，有为民请命的人，有舍身求法的人……这就是中国的脊梁。”焦裕禄是敢于担当、不惧牺牲的人，他把自己微弱的力量汇入了人民解放的洪流当中，去冲垮一个旧世界，建设一个新世界。

焦裕禄是自强不息、勇往直前的代表。

梁启超说，“少年智则国智，少年富则国富，少年强则国强，少年独立则国独立，少年自由则国自由，少年进步则国进步，少年胜于欧洲，则国胜于欧洲，少年雄于地球，则国雄于地球。”焦裕禄在老家根据地用空城计巧妙退敌，他机“智”；他在行军途中，步履矫健，总是走在队伍的前列，并且还帮助有伤病的同志扛武器辎重，他身“强”；他本来可以在工厂里安居乐业，但响应组织的号召，毅然投入到农业战线，他“独立”；他不得过且过、安守故土，而是长途跋涉、外出谋生，他向往“自由”；他只有小学文化水平，却非常用心学习机械生产知识，领导的车间多次被誉为“红旗车间”，他“进步”。

本书以焦裕禄青少年的生活轨迹为主线，以时间为线条，以故事为依托，把焦裕禄放在真实的社会环境中塑造。通过他受苦受难的煤窑、矿山、监狱生活以及土改、剿匪经历和在工业战线的成就，全面讲述了青少年焦裕禄的坎坷经历和成长轨迹，揭示了焦裕禄精神形成的社会基础、历史渊源，最大程度还原一个真实的青少年焦裕禄，以飨读者。

少年是国家的希望，青年是国家的脊梁。毛主席曾经对青年人说过，“世界是你们的，也是我们的，但归根到底是你们的。”让青少年一代时刻以焦裕禄能吃苦、敢担当、有方法、有智慧的精神品质为行动指南，在焦裕禄精神的感悟下茁壮成长，让焦裕禄精神遍地开花，是本书的重要目的所在。对成年人来讲，通过了解、探求青少年时代焦裕禄的成长轨迹，自觉接受焦裕禄精神的洗礼，感悟焦裕禄精神的深刻内涵，也会使思想得到升华、心灵得到净化。

学高为师，德高为范，进取为美，清廉为镜。我们每一个人都要以焦裕禄为标杆，努力成为“一个高尚的人，一个纯粹的人，一个有道德的人，一个脱离了低级趣味的人，一个有益于人民的人”！为早日实现中华民族伟大复兴的中国梦，贡献自己的力量。

2018年10月26日

第一章

幼年讨饭

要在困难中坚持下去，困难能考验人，坚持就是胜利。

——焦裕禄

阅读提示

焦裕禄曾在自传中说：“八岁至十五岁，家庭十五口人，十三亩地，牛二头，骡子一头，房子廿余间，全家种地，冬闲时开一小油坊，打蓖麻油，资金大部分是借外债。”在此，需要我们思考这样一个问题：是什么原因造成这样一个农民家庭沦落到逃荒要饭的困境呢？

20世纪60年代山东淄博博山城区旧照。（历史背景图）

阅读提示

焦裕禄颠沛流离的童年乞讨生活，在两方面给焦裕禄幼小的心灵留下了深深的烙印：一是鲜明的贫富对比：一边是灯红酒绿，另一边是食不果腹；二是社会的残酷。沿街乞讨生活的艰难和所受的侮辱，在焦裕禄幼小的心灵内埋下了与命运和社会抗争的种子，成为他以后走上革命道路的重要内因。

1922年8月16日，焦裕禄出生在山东省博山县崮山乡的北崮山村。

焦裕禄八岁至十五岁，家庭十五口人，十三亩地，牛二头，骡子一头，房子廿余间，全家种地，冬闲时开一小油坊，打蓖麻油，资金大部分是借外债。

焦裕禄的爷爷焦念礼，是个生性耿直、明白事理的人，早年在城里的一家铺子当学徒，后来回乡种地兼顾着做卖一些估衣的小生意。焦念礼有两个儿子，焦裕禄的父亲焦方田和叔叔焦方佃，却都是少言寡语、老实巴交的庄稼汉子，吃苦耐劳、逆来顺受，一年到头耕种着十几亩山岭薄地。焦裕禄的母亲李星英，开朗聪慧，处事果断，遇事不慌张，凡事有主见。

当时民国军阀混战，烽烟四起，土匪猖獗，民不聊生。焦裕禄所在的博山县也盘踞着好几拨土匪，他们横行霸道、为非作歹、欺压百姓，加之苛捐杂税多如牛毛，乡亲们的生活极度窘迫、苦不堪言。

那时候，种粮种地靠天收，收成很低，粮食根本不够吃。实在没有办法，为了养家糊口，焦方田只好又到地主家找活干，没干几天就生病了，他向地主家借钱，地主家不借，焦方田便想歇息几天。地主毫不可怜地说："我用的是人，拿我的钱就得干活，想歇息没门！"

焦方田听后生气地说："谁也不是铁打的，谁能保证一辈子不害病？"

地主却说："我花钱雇人干活，不是雇个闲人在家。"

焦方田说："我也不想生病，我病好后一定加倍努力干好活，补上我这一段歇息的时间。我是因为干活累病的，

焦裕禄母亲李星英。（摄于1966年）

请体谅啊！”

地主一听恼火了，说：“你想咒俺一家人生病啊！”说着从后门摸起扁担就打起了焦方田，边打边说：“滚蛋吧，我不用你了，工钱也不给了。”就这样，焦方田白白干了活，没拿到一分工钱。

到了寒冬腊月，焦家连用树叶掺糠皮做的窝窝也吃不上了。大年初一那天，正当财主们吃肉喝酒、张灯结彩过年的时候，焦方田带着妻儿背着铺盖，提着竹篮，离开北崮山村乞讨去了。

快走出村头时，焦方田站住了，他泪眼模糊地回头看了又看，好像在说：“别了，故乡。”然后他沉重地挪动脚步，默默地走了……

焦裕禄的夫人徐俊雅和长子焦国庆回到博山北崮山村。（摄于1990年）

刺骨的寒风吼叫着，半路上下起了鹅毛大雪，没走多远，路上便积起了厚厚的雪。

这会儿，李星英再也走不动了。焦方田一家人只得住在火车道的桥洞下，他们蜷缩在两面透风的桥洞里，不知不觉夜幕降临，焦方田一家三口一夜忍冻挨饿。

第二天，雪仍然下着，焦家人冻得蜷缩在一起。这时，有个铁路工人送来了两个盛着煤的筐子，让他们烤火取暖，焦方田感激得直给这个人磕头。到了夜晚，焦方田和妻子饿极了，就吃口雪压压心慌。年幼的焦裕禄饿得哇哇直哭。

一家人在艰难中熬了两天，当他们在财主家门口乞讨时，肥头大耳的财主们满嘴流油，带着太太走东家串西家，互相打躬作揖，祝福恭喜发财。他们的少爷、小姐还冲着穷人摔鞭炮，楼房里还不时地传来打麻将和猜拳行令的喧闹声。而焦方田一家居无定所，四处奔波要饭，经常露宿街头，食不果腹。

逃荒的生活一晃就过了几年，焦裕禄也逐渐长大了……

有一天，焦方田来到财主家门口想讨口饭吃，财主家的一条狗狂叫着扑来，焦方田腰一弯把狗吓了回去。谁知这下竟然惹火了财主，他骂起了焦方田："你这穷光蛋敢吓唬俺家的发财犬！"说着从地上捡起一块砖头，对着焦方田的脑袋就砸了过来，砖头从焦方田头顶飞了过去。财主还蛮横地说："这次是警告，下次再来，我砖头再低一点，要了你的脑袋。"

还有一次，焦方田又被财主家的狗咬住了，财主却哈哈大笑："咬得好，咬得好，快滚吧！穷鬼，狗吃剩的也不给你。"说完领着狗大摇大摆地回内院去了。

焦方田只好瘸着腿走了。

李星英说："禄子，你爹今天不能走路了，咱娘俩去要饭吧！"

焦裕禄一想到爸爸被狗咬的情形，就说："娘，我不敢去，我怕狗。"

焦方田看着哭泣的禄子，忍着痛说："不要难为孩子了，还是让我去吧。"说罢，一瘸一拐地走了。但焦裕禄却暗下决心，一定要增强胆识，练就一身本领，早点替父母分忧。

随着岁月的流逝，焦裕禄挎上了破篮子自己独自也能出去要饭了。

富人家的住宅大门套着小门，小门里面才住人。到二门去要吧，不是关着门，就是拴着一条大狼狗。焦裕禄站在大门口，喊破嗓子，内门里面的富人们也装作没听见。

这天，焦裕禄走在雪花纷飞的野外，突然掉进一个被草覆盖着的雪坑里，财主儿子见了，双手叉腰大笑，还骂着："你小子瞎了眼，这么大个地方，故意往坑里跳。"

焦裕禄说："请你拿根棍子把我拉上去吧？"

财主儿子说："你把俺家的坑弄脏了，你饿死在坑里我也不管，不叫你打扫算便宜你了。"说完拔腿就走了。

焦裕禄在这又陡又深的坑里怎么也出不来。幸好有个路过的穷人，用根木棍把焦裕禄拉了出来。

一边是花天酒地，一边是哭天喊地；富家孩子锦衣玉食，穷人家的孩子却饥寒交迫地在街上乞讨。穷和富的鲜明对比，在焦裕禄幼小的心灵打下了深深的烙印。

为什么富人灯红酒绿，作威作福？为什么穷人衣不蔽体，食不果腹，还要受人欺凌？他仰望着灰蒙蒙的天空，眼里噙满了泪花。悲惨的生活使焦裕禄过早地领悟到了社会的残酷。

寒来暑往，斗转星移，黑暗的世道挡不住穷人成长的脚步。焦裕禄长到7岁的时候，正是嬉戏玩耍的年龄，他却早早地在地里帮助大人干活。又到了深秋的季节，秋风扫落了树叶，有些树上挂的果实也落下来了，焦裕禄看到后心想：何不上山找些野果吃呢？

在山上找野果时，不知不觉走到了一座小屋旁。听见里面传来阵阵读书声，他便好奇地趴在窗台上看了起来。只见一个私塾先生在教学生识文断字。焦裕禄悄悄地趴在窗外偷学起来。

一晃几个月过去了，他已熟记了一些字词语句。

初春的一天早晨，刚下过雨，焦裕禄又顶着风雨，忍着饥饿去听课了。这竟惹恼了几个地主的儿子，他们跟着追打起焦裕禄，快到自家门口时，焦裕禄不慎摔了一跤，被随后赶来的几个地主家的孩子拳打脚踢了一顿，焦裕禄疼得哭了起来。

听到儿子的哭喊声，焦裕禄的母亲急忙从屋里出来了，见是几个财主的儿子，也没敢吱声，就拉起禄子进了家，把沾满泥水的衣服脱了下来，又把禄子紧紧地搂在了怀里。

母亲低声缓慢地问："禄子，这些天毛手毛脚地干啥去了？"

"娘，我去学识字了。"

"去哪儿学识字了？"

"在南山一座私塾旁。"

"人家叫你学吗？"

"娘，我在窗外偷学的。"

母亲听后不禁抹起了眼泪，她把儿子搂得更紧了，颗颗泪珠滴在禄子的脸上。她担心儿子偷学被发现又会挨打。于是说："禄子，以后别再去了，咱家现在还交不起学费呀，等以后有了钱，叫你坐到屋里安安稳稳地读书。"

"娘，我在窗外照样可以学。"禄子舔了舔嘴唇，稚嫩的脸上洋溢着笑容，说："娘，我还会几首诗呢，我给你背背：锄禾日当午，汗滴禾下土。谁知盘中餐，粒粒皆辛苦。"

看到儿子这么好学，学得有模有样，母亲听着听着，忍不住哭了……

几天后的一个下午，他又悄悄地来到私塾旁，依旧趴在后窗台上，听里面的先生讲课。课堂上，只见一个肥头大耳的学生脸憋得通红，在哼哧哼哧地背《百家姓》：“赵钱孙李，周吴郑王，冯陈褚卫，蒋沈韩杨……蒋沈韩杨……”

这个学生背到“杨”字，再往下就背不出来了。油光光的脸上吓出了豆大的汗珠子，两只胖嘟嘟的厚手，在华丽的褂子上不知所措地揉来揉去。私塾先生望着他，怒喝一声：“你这学生屡教不改，真该挨打，伸出手来！”说着就要拿戒尺打他。

这个学生靠近窗户，离焦裕禄很近，焦裕禄站在窗户后面，忙向那学生示意：“背吧，我替你背。”

那学生忙说：“老师，我记起来了。”

“嗯？”先生推了推眼镜，纳闷地说：“你继续背吧！”

于是；焦裕禄躲在窗后面背着，那学生鹦鹉学舌般地随着背了起来，等他背完，先生满脸诧异地问：“奇了怪了，你怎么进步这么快，一字不漏地背完了？”他无意中朝窗外一瞥，见有个小孩正替他高兴呢！便大喝一声：“是你替他背的吗？”

焦裕禄闻后急忙跑了。先生冲出门外喊道：“回来！”

焦裕禄吓得站住了。先生走到跟前，脸上生气的表情消失了，转而和颜悦色地问：“刚才是你教他背的吗？”

“嗯。”焦裕禄说。

“跟谁学的？”先生问。

“在窗外跟您学的！”焦裕禄说。

先生惊讶地说："你真聪明，在窗外也学会了课文，还会些什么？"

焦裕禄又背了几首诗，先生疑惑地问："那你为什么不来读书呢？"

焦裕禄经他这么一问，顷刻间眼里噙满了泪水，却强忍住没流下来。他说："俺家没钱，念不起学。"

先生摸了摸小禄子的头说："唉，你有慧根却没有念书的条件和机会啊！"他继续说，"你有时间就过来旁听吧。"

焦裕禄感激地向先生作揖。

本章结语

本章主要从焦裕禄家庭的破产、衰败、逃荒和焦裕禄童年的乞讨生活方面，揭示了焦裕禄的悲惨童年遭遇。

焦裕禄出生于军阀混战的北洋政府时期，成长于土地革命、抗日战争和解放战争时期。在这样一个内忧外患、灾难深重的旧中国，焦裕禄家庭的破败以及他悲惨的童年乞讨生活，可以说是受苦受难的中华民族在那个时代的缩影。焦家借贷经营受官僚资本主义的盘剥，做长工受地主阶级的压榨，帝国主义的掠夺更是雪上加霜，文中的描述揭示了"三座大山"压迫是焦家衰败的根本原因。

了解焦裕禄出生及成长的时代背景，有助于我们理解焦裕禄精神形成的社会和文化基因。焦裕禄是在苦难中成长起来的英雄。《孟子·告子下》中说："故天将降大任于是人也，必先苦其心志，劳其筋骨，饿其体肤，空乏其身，行拂乱其所为，所以动心忍性，曾益其所不能。"焦裕禄经历了"苦心志，劳筋骨，饿体肤"

的童年颠沛流离的乞讨生活，这让焦裕禄对幸福生活有着强烈的渴望，焦裕禄后来之所以对建设新中国满怀强烈的激情和对党始终怀着深厚的感恩之情的重要原因就在于此。

第二章

苦难求学

管理工业这门学问，我们过去谁也没沾过，暂时遇到困难，这是自然的。只要我们下定决心，抱着认认真真的态度学习是一定可以学会的。有党的领导，天下都能打下，还怕学不会一套工业知识吗？

——焦裕禄

阅读提示

焦裕禄在自传中介绍："8岁入本村小学，12岁小学毕业，考入南崮山村第六高级小学，15岁高小毕业，在学校阶段，因家是几辈子老农民，与地主阶级子弟不搭伙，并时常受他们压迫和歧视。"

焦裕禄的爷爷焦念礼是位勤劳、质朴、正直的汉子。虽说他没文化，但却饱经了人世的沧桑、世态的炎凉。他很注重言传身教，空闲时就给焦裕禄讲一些仁人志士发奋学习、吃苦耐劳的故事，希望孙子长大后能够成为一个对老百姓有益、对国家有用的人。

焦念礼那些发人深省的故事，就像一条小溪涌出的潺潺清水，一直在浇灌着焦裕禄那颗幼小的心灵。

焦裕禄虽说每隔几天就去私塾听课，但每当他看见那些和他年龄差不多的孩子背着书包、坐在学堂安稳听课的情景，他的心里就有说不出的羡慕。但没钱没势，私塾的大门不会轻易向穷人打开。

在豺狼当道的岁月，穷人就是闭门家中坐，祸端也会无中生有地找上门。一天，本村的一个财主领着保丁闯进焦家，横眉立眼地说："焦方田，你欠的债该还了吧！"

"我啥时候欠你的债了？"

"焦方田，你胆敢赖账，你看这不是你的手印吗？"说着亮出了账本，焦方田上前一看，正是自己的手印，忙说："这是去年领工钱的时候按下的手印啊！"

"哼，领工钱的手印能按在借账的本子上吗？分明是你想赖账！"

“本子上记的是多少钱啊？”焦方田强忍着怒火问。

“15块，这不清清楚楚地写着吗？”

焦方田彻底明白了，这正是去年他在财主家打工一年的工钱结账时的数目。他想：财主欺他不识字，说是领工钱按手印，却让他在借钱的账本上按下了手印。焦方田青筋暴起，满腔怒火，却欲哭无泪。

焦裕禄恨透了这些昧着良心上黑账的财主，有好几次他下决心想跟父亲商量去上学，但一看到父亲那张满是皱纹的脸，看见碗里的稀粥，只好把话咽了回去。

家里没人识字真苦。有一年焦方田给地主交租时，地主欺他不识字，故意多算了200斤。焦方田用瓦渣片在墙上划行数。等财主的账房算盘打得哗哗响算完数之后，他和墙上划的数一比较，发现多算了，就要求账房重算。那账房大模大样地说：“我算了这么多年的账，会算错吗？要是在墙上划数能准的话，还要算盘干吗？”焦方田一时语塞。

李星英就和焦方田商量：“不能再让孩子吃不识字的亏了，再穷也得让禄子上学。”

焦方田却说：“我们现在一家人干活，还不够吃呢，还读什么书！”

李星英和丈夫争吵：“咱家因为没有识字人吃了多少亏呀！这回说啥也得叫禄子读书。不能让孩子再当睁眼瞎了！”

邻居知道了，也劝焦方田：“让禄子读书吧，我看这孩子聪明伶俐，将来会有出息呢！”

焦方田经这么多人劝说后，就答应了。焦方田拉住焦裕禄的手说：“禄子，咱上学可不容易啊，这回进学校，可要争气呀！”

在去报名的路上，焦念礼对焦裕禄说：“禄子，如今这年头私凭文约官凭印，官府财主全凭一纸空文，无中生有，害得咱穷人家苦大仇深。因不通文墨，家里还了不少冤枉债。就拿去年来说吧，财主伪造账本，我只得重还了一次账。禄子，你到学校后可要下劲读书，长长咱穷苦人的志气。”

焦裕禄忽闪着两只大眼睛静静地听着，点了点头。

1930年夏，焦裕禄进入北崮山村初级小学读书，开始了学习生涯。

担任国文课的老师，对学生要求十分严格。焦裕禄不但认真写字，而且总是超额完成作业，他用的笔和本总是比别人多。家里没钱的时候，焦念礼有回竟把自己正穿的

家境贫寒的焦裕禄用树枝在地上练字。（油画）

阅读提示

辛亥革命之后，小学教育进行了改革，1922年出台了“壬戌学制”。新学制规定小学修业年限为6年，依地方情形得延长1年。小学分初、高两级，分别为4年、2年。焦裕禄初小毕业后考入南崮山村县立第六高级小学，即博山县第五区第五高等小学，后因贫困辍学。

图为学堂旧址（今南崮山小学）。在北崮山村初级小学毕业后，焦裕禄考入南崮山村县立第六高级小学。

褂子拿到当铺当了；不久墨水用光了，焦家硬是几天不吃盐，把省下的钱换成墨水。

一个连阴天，焦裕禄又向母亲要钱。当时，母亲正一把湿柴一把泪水地烧着锅，欲哭无泪道：“你用笔本为啥这么费！家里人节衣缩食，供你上学，你还不知道吗？”

母亲的这番话深深地刺痛焦裕禄的心，他在夜间忍不住鼻酸落泪。有时梦中恳求：“娘，您不要难过，今后我再也不为难您了。”梦醒以后，他的双眼泪水涟涟。

从此以后，焦裕禄在写字的时候，除了按时按量完成作业以外，为了节约纸墨，就到僻静的地方，以棍当笔，以地当本，仍然学会了不少字。

每天放学回到家里，为了不让家里人知道他的难处，只能望着干涸的砚台，空空的书包，一个人偷偷地落泪。

一天，他在去学校的路上，看见一位老汉艰难地扛着一捆柴火，一斜一歪地走着，连忙跑过去说："大爷，让我替你背一会儿吧！"

老汉说："唉，人老了，干啥都不容易，砍了一捆柴到集上卖个点灯钱。"焦裕禄赶紧过去帮这位老汉扛着柴火，一直送到前面的交叉路口。

焦裕禄一下子被点醒了。星期天到了，他拿着柴刀，腰里拴条绳，急忙向山里奔去。他飞身上树，举起刀就砍了起来。不一会儿，树枝掉了一地，被荆棘划破的伤口掺和着汗水钻心地疼。但是，一想到能换钱买笔本，他心里有说不出的高兴。中午时分，他把柴火捆好，扛在肩上，兴高采烈地满载而归。

第二天一大早，他就到集市上卖了柴火，把钱用在了买学习用品上。进了学校，他端端正正地坐到位子上，拿起本子和笔认认真真地做起了作业，同学们见了问："焦裕禄，今天你咋有笔本呢？"

焦裕禄诙谐地说："从树上掉的。"

同学们一听，有些纳闷地问："树上咋会掉笔本呢？"

他把原委给同学们说了，大家见他那高兴劲儿，也都开心地笑了。

1934年，焦裕禄已经念到了小学四年级。焦裕禄不仅文化成绩好，体育成绩也很好，老师便让他担任体育班长，负责同学们的体操和运动。

一天清晨，东方依稀亮着启明星。这时，静悄悄的操场上，传来焦裕禄练习吹号的声音。

过了些许时间，东方显出了鱼肚白，旭日冉冉升起，同学们才陆续地来到学校。

突然，有个地主儿子鬼鬼祟祟地摸到焦裕禄身边，上去一把抓住号角，眨巴着三角眼说："你这个穷小子，吃不饱，力气小，能吹响洋号？"

焦裕禄看着这个无赖，怒不可遏地反问道："你想干什么？"

"你不配，叫我吹。"地主的儿子恬不知耻地说，继续抢夺号角。

焦裕禄不给，两个人便厮打了起来。

焦裕禄最恨财主的儿子在班里横行霸道了。有一天放学，同学们争着往外跑。一个穷学生不小心碰洒了财主儿子的墨水。这下财主的儿子勃然大怒，连打带骂，让这个穷学生赔新的，吓得那个学生哭着说："我只给你弄洒了几滴，我这半瓶给你行不行？"

"不行！"财主儿子打了他一个耳光。

焦裕禄看见了，勃然大怒，挺身而出，厉声喝道："不能打人，我替他赔！"他便把刚买的墨水给了那个财主的儿子。

财主的儿子占了便宜想要溜走，众同学看不下去，异口同声地说："没见过这样的赖货，赔给新的，旧的也不给焦裕禄。"

焦裕禄不屑一顾地说："我才不要他那瓶坏了良心的墨水呢！"

财主的儿子听后暗喜，转身欲走，哪料同学们一拥而上，夺过那半瓶墨水递给了焦裕禄。焦裕禄接过墨水连看也不看，气愤地摔在地上，说："用他的坏了良心的墨水，我怕弄脏手呢！"

财主儿子的目光在墨水处扫了几眼，又看了看焦裕禄凛然正气的样子，狼狈地走了。

那年，焦家人在租种地主的地上一把汗一把泥地干，老天不负有心人，庄稼长得一片油绿，焦念礼布满皱纹的脸上出现了少有的笑容，焦家人都高兴地说："庄稼丰收了，禄子还能继续上学。"

秋收过后，全家人望着丰收的果实，忘掉了一年的疲劳，不料这时财主带着狗腿子，气势汹汹地闯进了焦家，阴险地向焦念礼嘿嘿干笑了两声："收成不错啊！"

焦念礼陪着笑脸："托您的福，今年丰收了。"

财主忽而冷冰冰地对账房先生说："算账！"

账房先生耍赖皮地说："先把去年的账结一下吧。"

焦念礼连忙解释道："你忘了吗？虽说去年遇到洪荒，粮食歉收一些，但俺家靠糠菜充饥，勉强度过，没有欠账啊！"

账房先生说："那就算算今年的吧。"说罢，他就把焦家一年的用具、种子、借的口粮加价一倍，连本带利一算，焦家人还是倒欠一堆。

焦念礼吃惊地说："今年咋给俺算那么多啊？"

财主蛮不讲理地说："今年收的粮食多了，你不是说大丰收嘛，我就该给你多算点。”

家境的贫穷，财主的贪婪，使焦裕禄幼小的心灵受到严重创伤。他看着抽泣的母亲，说：“娘，现在咱家欠账多，我还是退学吧。退了学，我就能打零工，帮家里挣钱了。”

到了夜晚，走投无路的焦家人，坐在屋里长吁短叹。从这以后，焦裕禄被迫辍学了。

本章结语

在劳动人民饥寒交迫、生存都成问题的旧社会，焦裕禄无疑是幸运的，他不但上了四年私塾，而且还上了一年多的高小，有五年多学龄。据焦裕禄自传和焦裕禄小学同学等家乡人的回忆，焦裕禄家境并不富裕。在这样的条件下能够上学，原因有三：一是山东是孔孟文化的发源地，素有尊师重教的传统；二是焦裕禄父母屡受目不识丁之苦，想让焦裕禄以读书改变命运；三是焦裕禄聪慧好学，是个可造之材。

穷人的孩子早懂事。焦裕禄因为用笔墨多遭到家人埋怨时就想到砍柴资学，还用树枝在地上练字，无形中培养了他吃苦耐劳、迎难而上、富有同情心和善于解决问题的品质。

焦裕禄的学习生活影响着焦裕禄的一生。焦裕禄在学校口碑很好，学习刻苦，品学兼优。在上学期间还参加了学校的“雅乐队”，初步展现了焦裕禄的音乐天赋。这些为他日后能迅速成长为一名有思想、有能力、爱学习的党的优秀干部，成为一名多才多艺的人才奠定了坚实的思想文化基础。焦裕禄善于学习的优秀品质伴随他一生。

第三章

少年苦工

只要是革命工作，就应该去干，还得下决心干好！虽多占些时间，我起早贪黑抓紧点时间就又补过来了。

——焦裕禄

年幼的焦裕禄辍学在家务农，寒冷的冬天里他到山上砍柴，以减轻家庭负担。（油画）

阅读提示

从学校到社会是焦裕禄面临的第一个人生挑战，只不过它来的太早、太苛刻了。焦裕禄辍学后，一切都变了，而且是变得如此突然，落差是如此巨大。洁净的教室、求知的课堂、优雅的音乐、充满朝气的同学，这些还算是无忧无虑的学习生活离他越来越远。残酷的现实击碎了焦裕禄的一切梦想，一个懵懂少年从此开始用稚嫩的双肩挑起了家庭的重担。从此，噩运接踵而至，令焦裕禄自顾不暇，年少的焦裕禄就像浮萍一样，不知何处是归宿。

阅读提示

焦裕禄辍学有三个主要原因：一是连续两年遭灾，农业歉收；二是受灾害影响，油坊经营惨淡，接连亏损，难以还债；三是外祖父逝世，五个舅舅分家，难以自顾，无法接济焦家。

1935年，博山春旱，五谷不收。在这样的年景里，财主们却挖空心思加重剥削，他们放高利贷，廉价买地，高价收租，小斗借粮，大斗要账，逼得穷人们卖儿卖女，背井离乡，流浪乞讨。

焦家人吃光了糠皮、树皮、茅草根，一家人浑身浮肿，指甲发黄。因为家庭负担重，干的活又太重，粮食少，不舍得吃，焦方田累病了。

本村有一家财主，知道这个情形后，打起焦裕禄的主意。他到焦家话里有话地说："听说你们家焦方田病了，乡里乡亲的，谁用不着谁呢？你要花钱尽管说。"

李星英万般无奈地说："孩子他爹有病，你看能不能给禄子找个活？"财主一听，正中下怀，便说："我家喂了几十只羊，叫禄子给我放羊吧，除管饭，每天再给几个钱。"

就这样，焦裕禄便给财主放羊了。每天，他都设法让羊吃得饱饱的。他只捎个干馍，赶着羊群大清早就到了山上。夜幕降临，才急急往家赶，不到一个月，这群羊就被他养得膘肥体壮，长工们谁见了谁夸。

有一天天很晚了，焦裕禄放羊才回去。突然，半路上碰到了一只狼，焦裕禄看到后，拿着棍棒去撵，谁知狼跳起来，准备扑向焦裕禄。年幼的焦裕禄吓坏了，顿时愣住。狼窜向羊群，叼走了一只羊。财主发现焦裕禄放的羊丢了一只后，对焦裕禄大发雷霆。他不问狼叼走羊的事，倒是硬赖焦裕禄偷偷卖了一只，非让他赔不可。

焦裕禄一天到晚忍饥挨饿地为他放羊，没有得到半点工钱。羊意外被狼叼走了，反倒要赔他一只羊钱。没办法，焦裕禄只得忍气吞声。

为了养家糊口，焦方田只得拖着虚弱的身体到外地去挣钱。到了春节，焦裕禄和母亲正在潮湿低矮的草屋里商量怎么度过年关，财主的管家又来了："该赔羊钱了吧？今天可是最后一天了！"

"孩子他爹才离家，俺连吃的都没有，哪来的钱啊？"李星英说。

财主的管家不耐烦地质问："没有吃的就是理由吗？欠债还钱，天经地义。看来焦方田要是死在外面，你就不给了。"说着转着一对老鼠眼在屋里搜索着，可是屋里没有一样值钱的东西。但是，这个连石头都要榨出些油水的家伙，不甘心空着手回去向主子交账，最后他的目光落在了焦裕禄身上。

"这样老拖下去也不是个事，你能不能想点别的办法，我看不如叫孩子外出打工，包吃包住，还能贴补家用。"说完转身走了。

只隔了一天，焦方田家来了一位不速之客，李星英认识，是财主家的表弟，常年在外闯荡江湖，一向和财主狼狈为奸。

他一进门满脸堆笑地问："大嫂，过年好啊！"

"穷人哪能过上什么好年呢！"李星英摸不透他的来意，只是淡淡地说。

“这年头，我看待在乡下都没有什么好日子过。”他装出替人着想的样子说：“方田哥过年也不回家了，我给孩子找了个吃大米白面的地方，还能挣些钱捎回家。”

“到外面打工能混上饭吃就满足了，还挣钱？俺想都不敢想！”

“嫂子，这个好办，您还不知道吧，我常年在外走南闯北，门路多、关系广，叫您儿子跟我走吧。”财主表弟用手指着焦裕禄说。

“这个孩子才十来岁，干不了重活，离不开大人哪！”

这个家伙眼珠子一转，滑头一笑：“我给他找个轻活干，跟着我到外边还能开开眼界。”

“到外边不一定挣来钱啊！”李星英担心地说。

这下可落入那家伙的圈套了，他连忙从腰里掏出钱，往李星英面前一放，说：“这也是人之常情，外面人又哄又骗。咱们乡下人被哄怕了，我看这样吧，先付钱再走人，这回你放心了吧。”

这个人刚把钱放下，就听见财主的狗腿子破门而入，装作和财主的表弟偶然相遇的样子，问：“你怎么也在这儿？”

“我来给焦裕禄找个活干，并先预付一部分工资，他还不同意呢！”财主的表弟故意说给他的同伙听。

狗腿子装作一副迷惑不解的模样说：“真是死心眼，这事儿打着灯笼都难找。”

财主的表弟该说的都说了，最后道别：“看来你们还有事，我先走了。”他又对着李星英说：“你先考虑考虑，禄子要是不愿意的话，那些钱过两天我来拿。”说完，拍屁股走了。

李星英忙追上去："给，现在就把钱拿走！"

可是，财主的表弟已经走远了，狗腿子一把拦住李星英，说："有人送上门的钱不要，欠着俺的账你不还，看来你有意赖账啊！"说完便把钱抢走了。李星英追上去说："这钱你不能拿走。"她拼命地拽着，但怎能抵过力大如牛的狗腿子，财主表弟给的钱到底被狗腿子抢跑了。哎，又被人算计了，李星英欲哭无泪，痛而不语，只是感觉苦了禄子，不知道禄子以后又要遭什么罪。

又过了几天，财主表弟来到焦家，问李星英想通了没有。她当然知道这是黄鼠狼给鸡拜年，便也默不作声。

这个家伙说："不跟我走可以，但前几天我放这儿的钱，你得还我！"

财主表弟的钱已经被狗腿子抢跑了。李星英知道他装孬，就反驳说："哎，你不能这样，禄子还小，他干不动重活，在家帮忙种地，到时候挣钱还你。"

"到时候，到哪个时候？欠债还钱，这个道理你就不懂？不行，我就去告村保安队，让你们尝尝大牢的厉害。"财主的表弟说。

李星英说："那你说咋办吧？"

"还不上钱，焦裕禄当然得跟我走，挣钱还账啊！"财主的表弟说。

离家的那天，焦裕禄忍着眼泪告别了母亲。

本章结语

生活的苦难艰辛不但没有摧垮焦裕禄的意志，相反使他变得愈来愈坚强。少年的悲惨遭遇为焦裕禄性格种下了勇于与命运抗争、永不低头退缩、坚忍不拔的精神因子。

我们今天缅怀革命先烈生命轨迹的目的，是为了寻找精神给养、寻求精神动力。回首往事，焦裕禄年少辍学做苦工的遭遇让我们陷入沉思。今天面对靠无数个优秀的共产党人抛头颅、洒热血换来的来之不易的幸福生活，作为一名党员干部，我们应当继承先烈遗志，尽最大努力为我们的下一代营造一个好的教育和发展环境，让每一个孩子都能健康发展、茁壮成长。

第四章

艰难竭蹶

我们不是人民的上司，我们都是人民的勤务员。我们必须同人民群众同甘苦，共患难。

——焦裕禄

阅读提示

哪里有压迫，哪里就有反抗。终日为生存而疲于奔波的焦裕禄逐渐认识到：自己的辍学、家道的衰落、破产，自己整天在生死线上挣扎，却无法改变现状的根本原因是这个社会所造成的。慢慢地，焦裕禄产生了抗争意识，这就是他革命意识的萌芽。

在旧社会，穷人被剥削，被压迫，但却找不到一块安身立命之地。明明知道是火坑，有时候也得往里跳！

财主表弟把焦裕禄领到了大城市里一个资本家的工厂里。焦裕禄来到工厂的当天，就被安排当学徒。

焦裕禄肯钻研、上手快，在老工人的照顾下，一个星期后，就顺利地通过了考工的这一关。

所谓“考工过关”，不过是意味着焦裕禄当包身工的正式开始。

一天18个小时的沉重劳动，三餐照得出人影的粥汤，还有随时落到身上的打骂。在这一批包身工中，焦裕禄是最小的一个，由于长时间重负荷工作，每天完工之后他常常头晕眼花、筋疲力尽。

一天，他感到支持不住了，要求休息一天，包工头却说：“死不了，就得干活！”

焦裕禄只得撑着身子硬干，结果不到一个小时，就昏了过去。

一位好心的老工人过来拉他的时候，摸了摸他的额头，烫得像烙铁似的，不禁“啊”了一声，说：“你生病了。”

回到工房里，焦裕禄一连几天高烧不退，慢慢地满脸满身长出了红痘痘，这可能是出天花的征兆。因为当时也有几个出天花的，不上班就不让吃饭，所以焦裕禄他们几个天天饿着。

停了3天，包工头进工房一看，已有几个工人死在了地上，只有焦裕禄还奄奄一息。

包工头立即大叫："我早说，得了天花病没有一个人能活的，快给我统统拖出去！"

"焦裕禄没有死呀！"有个包身工说。

"不死也得拖出去，要是留着他，也会把你们传染的！"

残忍的包工头还是叫人把焦裕禄扔到野外。其实，年幼的焦裕禄并没有染上天花，只是得了疟疾。

不知道过了多久，焦裕禄从昏迷中醒来，觉得有一股热气向他的脸上扑来。他缓缓地睁开眼睛，模模糊糊地发现头边有一个毛茸茸、黑糊糊的东西。他仔细一看，原来是一条野狗在嗅他的脸，他强打起精神，坐了起来，居然把那只野狗吓跑了。

在这一刻他想到了家里人。可怜的母亲不知道怎么思念他呢！劳累一生的父亲在哪儿呢？白发苍苍的爷爷身体如何？想到这里，生命的召唤使他产生了顽强的力量——他要勇敢地活下去，他要回家。

可是，现在是大白天，还不能轻举妄动，只有等到夜里再逃出去。于是，他就爬到了一个不易被人发现的地方。

到了夜晚，他挖野菜充饥，渐渐感觉身上有些力气了。他看看四周无人，便穿过丛林、乡村，绕过关口，终于逃出了危险区。

身处他乡，身无分文，焦裕禄只有边打工边回家，不知不觉来到一个码头。这是一条弯弯的大河，水面很宽，一眼望不到边，河面波光粼粼，倒映着蓝天白云。可这一切，对年少外出谋生的焦裕禄来说，没有引起多少兴致。由于不熟悉环境，他只能在码头乘船。

焦裕禄上船后被挤在底舱的一个角落里，漆黑一片，只有那波浪拍击船舱发出的啪啪声……

焦裕禄就在这波涛滚滚的河水里开始了渔民的生活。

当地的渔民常说："渔家苦，无处诉，水上没有路，陆上没有屋，一年到头空忙碌。"茫茫的大河，无风也起浪，一条不到三丈长的木船，被大浪拍得左右翻滚。初次下河拉纤的焦裕禄，被荡秋千似的吊在了半空中，弄得焦裕禄整天提心吊胆的。

这家船老大是饱经风霜的老船工，他对焦裕禄说："我也是穷苦出身，你给我当纤夫，我只要有口饭吃，就不会让你饿着肚子。"

焦裕禄望着这个黑黝黝的老船工，频频地点头，心想：船老大可是个大好人，就是苦点累点我也愿意跟着他干。

焦裕禄光着脊背，两排肋骨像琵琶上的琴弦一样，根根暴露，肩膀上斜套着一根又粗又硬的纤绳，光着脚板，弓着身子，几乎爬行似的，一步一步向前挪动着。

中午时分，毒辣的日头火一般地照着他的脊梁，身上裸露的部分被晒得脱了一层又一层皮，汗水从早到晚一个劲地流。早晨喝的两碗稀粥已化作汗水流光了，肚子饿得咕咕叫。可是不到目的地，照例是吃不上饭的。焦裕禄的两条腿像灌了铅似的，每迈一步都感觉很困难，肩膀被纤绳勒出来的血印子从皮里透出来，经汗水一渗，钻心的疼。

焦裕禄拼命地用力拉着，还是感觉船像生根似的，突然觉得两眼发黑，头发晕，就倒下了。

船老大忙往他身上泼桶冷水，焦裕禄才慢慢地清醒过来。

“唉，看把你累的！”船老大同情地塞给他两个窝窝头，说：“吃完了，你上船掌舵，让我拉一程吧。”

焦裕禄激动地说：“你是船主，我是纤夫，咋能叫你拉啊！”

船老大说：“我们都是穷苦人，把你累倒了，像你这样的纤夫难找啊！”

隆冬的一个上午，凛冽的北风夹着雪花从天上飘落下来，天阴沉沉的。但船老大刚接了一个十分紧急的运货生意，必须按时把货物运到指定的地点。端人饭碗，听人使唤，没有办法，船工们还得冒险在河边拉纤。

到了中午时分，突然起了大风，河面的风刮得更大了，狂怒的河面上，掀起了大浪和一个个漩涡，货船倾斜得十分厉害。焦裕禄和大家竭尽全力拉着纤绳，把控方向，保持平衡。

正在这时，在货船前方的不远处，汹涌的河面上忽然掀起了一个巨大的漩涡，货船这时已经进入了漩涡中，想调转船头已经不可能了。焦裕禄见势不妙，赶紧将纤绳扔掉。船体顺着这个大漩涡倏地转向，忽然听见一阵惊天动地的轰轰声，气势吓人，摄人心魂。转眼间，货船就被冲进了漩涡的中心，货船急剧下沉，迅速卷入了河底。

货船毁了，船老大也死了，焦裕禄却幸运地活了下来。

他上了岸，问了路人，摸清道路后，往淄博老家方向走了。

焦裕禄就这样苦打苦熬了一年多，风刮着，雪飘着，他在大街上默默地独行。

路，还是一年前的那条路，白茫茫的荒野上，留下了一串串脚印，一件破棉袄、一条破单裤，一路上风餐露宿。

焦裕禄清楚地记得当年外出谋生时风雪迷漫，回家依然是大雪封山。一年多来的凄风苦雨和悲惨生活磨砺了他，使他这个16岁的少年明白了，在这个黑暗的社会里，生活的道路是那么艰辛与漫长……

走了几天路，他终于回到了自己的故乡。焦裕禄进了家门，由于蓬头垢面、身体消瘦，李星英已认不出是自己的儿子了，以为又来了个要饭的，叹了口气，怜惜地说：“这世道，哪儿的穷人都挨饿啊！我刚要了个馍还没有舍得吃，给你一半吧。”

焦裕禄心里难过得再也忍不住了，他望着母亲苍老的面孔，只觉得鼻子一酸，哭着说：“娘，我是禄子呀！”

李星英一听，忙用衣袖擦了擦眼睛，仔细地端详着，站在面前的不正是自己日思夜想的儿子吗？他真的活着回来了！惊喜万分的李星英抱住久别的儿子，放声地哭了起来……

1939年3月，正是博山县青黄不接闹饥荒的年月，许多人扶老携幼，推车挑担，流离失所，过着乞讨的日子。

焦家吃完了旧粮，地里的小麦长着的是枯黄的叶子，又无指望，面黄肌瘦的焦裕禄为生活所迫，四处奔波。他不断地干活谋生：当车夫，下煤窑……但是出尽了苦力，换得的血汗钱丝毫也没有改变穷苦的生活。

一天，他找到叔叔焦方佃央求说："叔，你常给东家运油，俺家也有一辆独轮车，让我跟你去，给你帮忙吧！"

"禄子，恐怕你干不了啊！去时运油，回来捎煤，你才17岁，受得了吗？回去跟你爹娘商量商量。"

焦方田考虑到孩子年幼力弱，不让他干。焦裕禄就耐心地对父亲说："咱家光靠你一个人干，生活过不下去啊！我也长大了，可以为家里分担一点！"

焦方田望着为家发愁的儿子，忍不住落了泪，哽咽着说："孩子，既然你一心要去，那干脆咱爷儿俩一起去吧。"

春寒料峭，尽管日本鬼子的铁蹄糟蹋着博山县城，但绚丽的阳光依旧照耀着祖国的山河。山道蜿蜒，焦裕禄父子推着装油的重车，爬高下坡，累得焦裕禄直喘粗气。

在一次下坡时，焦裕禄由于劳累过度，渐渐支持不住。眼看着要车翻人倒，焦方田立即跑上前去扶住了他。然而，车子还是翻在了路边的山沟里。

就这样经过一段时间的锻炼，焦裕禄在劳动中增加了体力，锻炼了意志，慢慢地能单独推车了。可是，北崮山的油坊却停业了，焦裕禄不能再干推车运油的活了，只得在家下地干活。

焦裕禄的爷爷焦念礼对焦方田说："方田呀，实在过不下去，就去借点钱吧，总不能老饿着肚子。"

焦方田便去本村的一个财主家借钱，财主一听正中下怀，假惺惺地说："月是故乡明，人是老乡亲。缺吃少喝的尽管开口。"

焦方田就找他借了10块钱，可没过几天，大财主就跟在身后要账了。

“方田呀，不是我不讲仁义。”财主嘴甜心苦地说：“你我都是一个老天爷管着，俺家这两天也等着用钱办事，要不然我也不会催你啊！”

焦方田就把没花完的5块钱给了他，说：“剩下那5块过几天就还你。”

财主凶脸一拉，说：“借债还钱，天经地义。打听打听，我白借给过谁钱，哪有不加利息的？我给你加利不多，总共再还8块。”说完走了。

这不是明显地欺负人讹诈人吗？焦家人满腔悲愤，觉得实在是欺人太甚！

李星英忍不住说：“这真是吃人豺狼，恶霸当道！”

焦裕禄劝慰母亲说：“娘，光生气也填不饱肚子，我去挖点野菜，采点树叶，咱对付着过吧。”

焦裕禄来到荒山野坡，哪有个春天的样子，树上看不见叶子，小草紧贴着地皮。焦裕禄光着脚丫子，拎着篮子，在风中仔细地寻找着野菜。石头划破了脚，刺槐枝剐破了裤腿，才挖了几棵。

一会儿，他来到一棵小槐树旁，这棵树上的叶子已被人们捋得所剩无几了，只有树梢上挂着几片嫩叶，在风中来回摇摆着。

“裕禄，找不到你家里人，原来你跑到这儿躲账呀？”

焦裕禄回过头来，见是那个财主，便问：“啥事呀？”

“还不是为那8块钱。”

“现在，俺家确实没有呀！”

财主冷冷一笑，使了个坏心眼说：“这样吧，你把这棵小树梢上的叶子捋下来，叫我拿回家喂兔子，那些账暂时不问你家要了。”

风在不停地刮，树在不停地摇，为了避免财主的纠缠，焦裕禄冒着风险上了细树。大约上了丈把高的时候，树枝儿就更细了，摇晃得更厉害了。他望着自己的小村庄，有钱的人家已冒起了烟，自家的土草房还冷冷清清的。天空依旧那么蔚蓝，山峦依然那样起伏，穷人累死累活依旧吃不饱，富人无所事事仍然大吃大喝。他打记事的时候起，从没有吃过一顿像样的饭，寒冬腊月还裹着破衣烂片睡觉。想起这些事来，他心中气愤极了。

阅读提示

焦裕禄命运的戏剧性变化，折射出当时的社会现状：人民已经生存不下去了，社会矛盾尖锐到了极点，社会处于崩溃的边缘，等待着像焦裕禄这样在困苦中觉醒的人去改造它。

为了还前年欠下的窝囊账，焦家在县里租了个住处，焦家父子拉起了黄包车。有一天，父亲焦方田很晚还没有回家，焦裕禄便到车站去接父亲，远远地看到在马路上孤零零地停着一辆黄包车，车的一旁蹲着一个人，两只手撑着膝盖，正在剧烈地咳嗽着，好像是自己的父亲。他急忙走上前去，一看正是自己的父亲。只见他脸色苍白，地上已经吐了很多血痰。焦裕禄难过地哭了起来，焦方田挥了挥手说：“禄子，别哭，我没事。”

焦裕禄便给他轻轻地捶背，说：“爹，您上车吧，我拉您回家。”

焦方田摇了摇手，说："禄子，我想再等一会。"

"这么晚了，还有坐车的人吗？"

"再等一会吧，也许能拉个客人。"

清冷的深夜，凉风呼呼，父子俩又苦等了一个时辰，也没等到客人。

回到家里，焦方田要禄子把吐血的事儿瞒着家里人。但是，不久焦方田病情加重，病倒了，吃了些土方草药，效果不大。生活的担子就落到李星英一个人身上。为寻生路，她便到财主家洗衣裳，累得腰酸胳膊疼，也总是强撑着。焦方田知道家里两天没有动烟火了，内疚地说："孩子，爹对不住你们，我不能站起来，无法养活家里人了。"说着，他又长时间剧烈地咳嗽起来。

焦裕禄为了分担家里的重担，便抄起车把，踏着父亲洒满血汗的道路，当起了车夫。但是，拉黄包车也不是一件容易的事。

那时候，政府腐败，欺压百姓，各地关卡多，加捐加税，生个孩子也得去贴印花，想要钱的保安队长、村霸、土匪一串又一串，在每一个路口都有关卡。他们仗着人多势众，随意欺负穷人。

租车难，拉车更难。一天，焦裕禄拉一个陌生的客人到了饭店前，那人掏出一块大洋，焦裕禄找不开，那人很客气地说："我没有零钱了，去酒店里换一下，马上就过来。"

焦裕禄便站到车旁，等他进饭店里去换钱。可等了半个时辰，那人也没有来。焦裕禄便走进去，问柜台里的伙计。

那伙计一听呆了，忙说：“哎呀，我们店可以通向后面几个店堂，进进出出的人很多，我不知道他跑到哪里去了！”

焦裕禄感到情况不妙，便一个店堂一个店堂在来来往往的行人中仔细寻找。可是找遍了几个店堂，也没有见着，他只有失望地回去。等他回到放车处，车子又不见了。

焦裕禄顿时着急了起来，客人没给钱顶多白费些力气，要是车子找不到了，可就倒大霉了。他急得团团转，便到大街小巷，四处寻找，可是仍然不见车子的踪影。他失魂落魄、灰心丧气地走在街上。

焦裕禄悲伤万分，心想：拿什么赔人家呢？就是卖了全部家当也买不起一辆黄包车啊！今后一家人的生活怎么过呢？他越想越气愤，越想越觉得走投无路……

他望着这个喧闹的县城，有钱的人身穿绸缎，大摇大摆、盛气凌人，面黄肌瘦的人端着个破碗当街乞讨，低三下四。他悲愤地认为，这是个吃人的社会，不反抗，就没有穷人的生路！

焦裕禄拖着疲惫的身子回到了家里，家里人一听车子被盗，都难过地哭了起来。邻居们闻声赶来安慰焦家。其中有一个经常在外流浪的年轻人，告诉焦裕禄说：“县城有个叫二孬的流氓头子，手下有一帮狐朋狗友，专门偷车。有时偷不到车子，就会用诈骗的手段把车子拐走，叫你拿钱去赎。如果放的时间长了，就把车子低价处理掉。”

焦裕禄一听气得大骂：“这帮土匪，我跟他们拼了！”

“你拼不过他们！”

“我去报警！”

“警察平日吃他的，喝他的，早和地痞流氓一个鼻孔出气了。”年轻人停顿了一下，接着说：“咱没有别的办法，惹不起他们，你只有借钱，把车子赎回来算了。”

焦家人借了些钱，经人介绍找到了那帮地痞，总算把车子赎了回来。

万恶的旧社会，像一根无形的绳索套在了焦裕禄的脖子上，一刻不停地牵着他奔跑。生活压得他喘不过气来，他不得不又踏上拉车之路。

焦裕禄不知磨破了多少鞋底，脚不知磨出了多少血泡，手上不知生出了多少老茧，穿着单衣在料峭的寒风中穿行，有生意时满身大汗，没生意时浑身发抖。

一个阴沉沉的夜晚，天上纷纷扬扬地飘起了雪花，他刚才拉着一个客人跑了好长一阵子，身上的汗水浸湿了衣裳，经风一刮，像结了冰一样冷得刺骨，浑身打颤。脚已冻得麻木，失去知觉……这时，过来两个喝得醉醺醺的家伙，走起路来东倒西歪，踉踉跄跄地上了焦裕禄的车。

雪越下越大，飞舞的雪花直往脖子里钻。这时，天已经黑了，一切都笼罩在可怕的夜幕中，他还在牛马般地奔波。两只脚跌跌撞撞地不听使唤，头也开始晕了起来，好像和车轮一样旋转。

焦裕禄好不容易把他们拉到了目的地，谁知这两个人一下车却扬长而去，他连跑几步拦住要钱，两个家伙却说：“钱花光了，我们是便衣警察，我写上个条子，你到局里领钱吧！”

焦裕禄说：“我是穷人，不知道你们当官的住在哪儿？”

“你说咋办？”这两个家伙蛮不讲理。

“你得给钱！”焦裕禄坚决地说。

“老子日夜给你站岗执勤，你才能安全地拉车，还想跟老子要钱？”有个家伙说。

焦裕禄不甘示弱：“我是卖力气的穷人，你在我面前逞什么英雄！”

两个家伙自知理亏，甩下钱跑了。

没想到的是，焦裕禄几天后又碰上这两个家伙查车照。尽管焦裕禄的手续齐全，他们也无端扣车。因为压榨车夫的名目成串，他们还有个停车场，车被扣了，每天还要交停车费，焦裕禄只得急忙借钱。

焦裕禄的车上午被扣，到晚上才把钱凑齐。

第二天一大早，焦裕禄就带钱去了停车场，只见许多车夫在院子里焦急地等着。一直到了日上三竿，还不见一个巡警。车夫们耐心地等着，直到中午时分，扣车的警察才来，车夫们一齐涌过来，纷纷递钱求情，说好话。

那些家伙却不慌不忙地说：“贱骨头，慌啥哩，我能吃了你们的车！”他们阴阳怪气地收了一会儿钱，说：“我们饿了，下午再来吧。”

车夫们一听慌了，下午他们是不会来的，纷纷拉着他们请客，这两个家伙酒足饭饱后才开始神气十足地收钱、放车。

在一个漆黑的夜晚，焦裕禄正好拉着这两个家伙。他们在车里得意洋洋地哼着小调，气得焦裕禄咬牙切齿。

焦裕禄一看四周无人，提起车把往上一掀，这两个家伙猝不及防，只听扑通一声，摔了个正着。他趁着夜色撒腿就跑，等这两个家伙回过神的时候，焦裕禄已经拐了弯，消失在夜色之中。

本章结语

本章从焦裕禄到工厂当包身工，由船工、油坊工到车夫的艰难谋生历程，揭示了焦裕禄内心世界的微妙变化。艰难的谋生历程让焦裕禄感受到社会的不公、腐朽，对旧社会有了更为深刻的体会和认识。鲁迅说过："不在沉默中爆发，就在沉默中灭亡。"只有斗争，才能改变命运。

第五章

煤窑求生

希望同志们坚持下去，不怕困难，勇敢前进，英雄面前无困难，困难时期出英雄，困难最怕勇敢的人。

——焦裕禄

第五章 煤窑求生

阅读提示

焦裕禄是以生命做赌注下窑挖煤维持生计的，但当他发现仍然不能糊口，更不用说贴补家用时，感到前所未有的悲凉和迷茫。不久，他和一些工友又干起了用独轮车运煤炭的营生，风雪暴雨中他们不得不在狭窄的山路上挣扎前行。

在那万恶的旧社会，刀把子掌握在地主反动派的手里。穷人无权无钱，无论在什么地方，都得出力受气。

1938年秋季的一天，北崮山村的大街上围了很多人，只见人群中间站着一个中年汉子，身穿绸缎，一张西葫芦似的铁青脸上，长满了横肉，一只手叉腰，另一只手比划着说："我也是山东博山人，咱们都是乡亲，跟我走吧，去工厂干活，大米白面，猪肉烧酒，管吃管住，月工资15块，过一段时间还能回家探亲，免费包接包送。"

由于长时间的饥饿，这些乡亲一听说有米有肉的生活，口水都快流出来了。看到人们都涌上来凑热闹，不明真相的焦方田说："咱不图人家的大米白面，能填饱肚子就满足了。"说着就带着焦裕禄挤到人群中报了名。

报名之后大家坐上车到了博山火车站。焦家父子被领到了一间大房里，那里已经站了一群人。这些人都衣衫褴褛，看样子都是逃荒的穷人。

这时，一个脸色腊黄的烟鬼走过来，皮笑肉不笑地对大家说："你们一定饿坏了吧，别慌，马上就开饭！"

不一会儿，果然有人挑来几桶又热又好吃的稀饭和杂面馍。但是，谁会想到，在这顿饭的背后，隐藏着他们不可告人的阴谋诡计！

第二天天未亮，烟鬼就来了，叫人们赶快上火车。人们一听说上火车，心里顿时着了慌。

有人便说："可不能上火车，一上火车谁知道把我们拉到什么地方？"

还有一些人说："家里老婆、孩子不知道咱去哪儿！"

烟鬼早有预料，不慌不忙地说："大家别怕，先发鸡蛋和白馍，是叫你们到百十里地的地方修路哩，你们能放着好差使不干吗？如果谁现在还想回去的话，我概不勉强。"

大家心里一怔：看样子不像骗人。

于是大家纷纷往车上涌去。过了一会儿，火车开了。焦裕禄他们上车后，发现车上还坐着几十个身穿大靴子，别着盒子枪的士兵。人多车皮少，好多人都是半站半蹲着。火车大约跑了500里地的时候，听见一个头头领着这群士兵大喊："通通把刚才发的鸡蛋和白馍交出来，一个也不能少。"

于是，一些人就把刚才发的馍和鸡蛋还给了他们。

还有一部分人说："我们已经吃了。"

一个头头便骂："他妈的，吃罢的扣发一个月的工钱。"

这时，有些人才明白上当了。但又有什么用呢？在车上已完全失去了自由，又没法下车。

火车继续向前，五站、十站过去了，究竟要到哪里去，谁也不知道。

一下火车，士兵就把枪举着，对准这群招来的人。车下一些如狼似虎的打手，手持棍棒，把招来的人押进四面透风的工棚，床上铺的是巴掌大的烂席片。

工棚外高墙紧围，墙上三层铁丝网，中间夹着一层电网，出入口修着高大的哨楼，打手们一个接一个，有的还牵着伸出红舌头的大狼狗。

焦裕禄被赶进工棚后，质问烟鬼："你们为啥骗人？"

"谁骗人？这不是都给你们找了个吃饭的地方吗？"烟鬼放开嗓门大叫。

"不去修路，为啥叫我们下井？"焦裕禄问。

"有好工作咋能轮到你们这些穷小子！"烟鬼说。

"你不讲理！"焦裕禄说。

"你也不瞅瞅这是什么地方，还讲理！哈哈哈……"烟鬼笑道。

阅读提示

据当地人讲，解放前下窑挖煤的人被称为"煤黑子"，这在当时是非常危险的职业，事故经常发生，人们将这些从业者称为"被活埋了一半的人"。人们往往在走投无路时，才冒险下煤窑。

第二天一大早，狗腿子拿来一大堆柳条帽，每人发了一顶。刚发完帽子，打手们就领着工人们下井了。这个工棚里的人，大多来自很远的地方，很想休息一晚再下窑。可打手们不分青红皂白，拿着皮鞭雨点似地甩了过来，并狂叫着："刚来这个地方都想当爷，先试试我这个鞭子愿意不愿意！"

这样，在皮鞭威逼下，大家被迫给窑主下井挖煤。焦裕禄第一次下井，不愿给他们卖命，一个打手上去抽他一鞭子，顿时，鲜血从焦裕禄的头上流了下来，他气得要跟狗腿子拼命。焦方田拉住儿子的胳膊，摇了摇头，好汉不吃眼前亏，焦裕禄忍住了。

已是深秋时节，到了夜里，时间就更难熬了。焦裕禄父子俩只盖一条破包片，有几回都是被冻醒的。时间像蜗牛爬行一样慢，而体力活却像大山一样沉重，焦方田心中暗想：这回带着儿子进了狼窝。

焦方田父子每天干活十多个小时，工钱每天3毛。他们给窑主干了两个月，终于到了开工资的日子，焦方田没领到工钱却领了一张纸。焦裕禄一看，上面写着干了多少天，扣去旅费、安家费、铺盖费、工具费、饭票和人头税，反欠窑主几十块。

他给父亲一说，焦方田一听肺都气炸了：“这些吃人肉不吐骨头的家伙，没有一丝人性。”

焦裕禄也气愤地说：“我们来了这么多天，起早贪黑地给他们干，没拿过工钱，倒欠他们几十块。”

焦裕禄他们在井下推煤车的时候，因为铁轨被污水淹没，车皮时常脱轨，若旁边有根木头，可以当杠子别上轨道，要是没有木杠，只有用肩膀硬扛上去。

有一天，焦裕禄的煤车脱轨了，没有木头，他只得硬扛。这时有一个把头看到了，他埋怨焦裕禄技术不过关、干活不利索，举起鞭子上前就抽。

焦裕禄越着急他越打，忍不住转身扛了他一肩膀，那把头猝不及防就掉在了水沟里。

他在污水里嚷叫：“你吃了豹子胆，打起把头了。”

焦裕禄骂道：“我比你还急，肩膀都扛肿了，你不帮忙也就罢了，反而打起我来，我不把你打走，这不碍事吗？”

这时工友们上前帮助焦裕禄把车推走了。在井下漆黑一团，那家伙在水里干着急，也摸不准哪儿是道，在水里瞎扑腾。

还有一回，焦裕禄忍着饥饿下井了。走了半个巷道，突然一阵头晕，便昏倒在煤车的铁轨上。这时几个车皮由高处往低处向他冲来，焦裕禄想挪开身子，可挣扎了几次也没能爬起来。他惊恐万分，心想，这次完了。

谁知煤车在离他十来步的地方脱轨了，接着，那些车皮就东倒西歪地停了下来。人们在扶车的时候，才发现了他，都说：“焦裕禄，好危险，你真命大啊！”

焦裕禄每天在又长又黑又狭窄的巷道里，摸着进去，爬着出来。非人的生活、沉重的苦役，把他压得喘不过气

20世纪三四十年代，矿工们在监工的监视下刨煤。（历史背景图）

来，焦裕禄看透了这一切，在这里不是病死，就要被累死，焦裕禄想逃出来。

有一天，一个矿工因不满监工的暴行而想逃走，被监工抓住后纵犬撕咬。从那以后，煤矿便增岗加哨，戒备森严。因此，焦裕禄只得暂时打消逃跑的念头。

后来，地下的铁轨破损严重，不能使用了，焦裕禄他们便被逼着背煤。

坑道一片漆黑，白天都要用灯，一次焦家父子用一盏灯，焦方田前面领着，焦裕禄后面跟着，上坡时，因为太高，焦裕禄上不了，焦方田就用手拉着他一步一步往上爬，有时累得实在是站不住了，把腰直一直，还要挨工头的皮鞭抽打。

窑主为了多出煤，不断变换花样，规定以5天为期。比如干一天活，工钱是2毛，连干两天活是5毛，连干五天就是一块五了。如果没按规定，就只能拿每天2毛工钱了。

这么重的活，对于十来岁的焦裕禄来说，像座沉重的大山。为了吃饭活命，他都是咬着牙一步一步地往上爬，才把煤背上来的。

背出来的煤用什么量呢？狗腿子放着秤不用却用眼睛量。他用眼睛一扫就随意定数，说一百就是一百，说二百就是二百，谁要顶撞，就会遭到故意刁难，下一次会把重量说得更低。

窑主的眼里从来不会看到苦力的血汗，他们看到的是山丘似的煤堆如何变成金钱。尽管如此压榨，他们还不满足，有的工头别出心裁，特制一根木棍，上面烙了几个窟窿，挂上个铁锤，用这样的秤来称煤，称出的重量比实际重量要少，矿工们只能眼睁睁地被欺压。

有一回，焦裕禄背有120斤左右，狗腿子硬说是80斤。他实在憋不住了，问：“你睁大眼睛看看，这是多少斤，不要欺人太甚！”

没等他说完，计量员恼羞成怒，举起鞭子就朝焦裕禄打来，当时幸亏众人赶来，才挡了回去。

后来，焦裕禄改成挖煤。那时候窑主剥削穷人，不论哪个工种，都有一套压榨矿工的伎俩。窑主用的尺子，是专门为剥削穷人制出来的，一尺比标准尺长三寸，尽管如此，贪得无厌的窑主有时干脆不用尺量，而用脚代替。

有一次，焦裕禄干了两天刨了一丈，经窑主的狗腿子步量后就只剩下九尺。还有一回他刨了一丈二，结果一量还不够一丈。焦裕禄气得怒发冲冠，在工友的劝说下，才压住了怒火。

有一天，焦裕禄费了九牛二虎之力，足足刨了一丈高，经狗腿子一量，成了八尺。焦裕禄实在忍不下去了，愤愤地说：“你量得不准！”

狗腿子把尺子朝地上一摔，说：“嫌我量得少，你自己量去。”

“自己量就自己量。”焦裕禄毫不示弱，于是就弯下腰拾起尺子，冷不防狗腿子一脚踢来，暴跳如雷地说：“窑黑子休想夺老子的饭碗。”

焦裕禄怒不可遏地还给了他一脚，那狗腿子看焦裕禄发怒了，就装着站不起来的样子，非让焦裕禄给他看病不可。这时，其他矿工好言劝说，替焦裕禄解围，那家伙才站起身溜了。

焦方田每天忍饥挨饿，就是铁打的汉子，也受不了那样的折磨。他的身体一天不如一天，可是没有办法，还是被逼着下井。

有一天，焦方田累得实在扛不住，病倒了。就在这天晚上，他把焦裕禄搂在了怀里说："孩子，想你娘吗？"

"想——"焦裕禄难过地说。

良久，焦方田才满眼含泪地说："禄子，我恐怕这辈子再也见不着你娘了，你娘还等着咱们呢，她哪里知道，咱在这儿人不人鬼不鬼的。唉——"焦方田硬咽住了，泪水顺着眼角刷刷地流了下来。

焦裕禄忍不住扑在了爹的身上哭喊："爹，你不能死，你不能死呀！"

焦方田勉强睁开双眼，看了看儿子。

棚外，大雨倾盆，狂风呼啸，电光闪闪，雷声隆隆，那狂风夹着雨点，雷鸣夹着闪电，好像要把这个不平的世界一下子劈开。

就在这天晚上，两个恶魔闯进棚里，呲着牙把焦方田拖了出去。焦裕禄凄厉地喊叫："放下我爹，让我去！放开我爹，让我去！"

另外几个狗腿子拉住焦裕禄："给你爹看病花那么多钱，在这里，非但不挣钱，还搭进去这么多钱，你留下还账吧。"

焦方田被他们抛到了荒郊野外。

焦裕禄心急如焚。为了救父亲，他联合父老乡亲，发动广大工友，进行抵制，请求救回父亲。

这样，窑主在焦裕禄等人的强烈要求下，把焦方田从野外抬回了工棚。经过多日的休息和调养，焦方田逐渐恢复了健康。

到了冬天，北风呼啸，天寒地冻，工人们从井下上来，狗腿子立即逼着他们扒下胶鞋，扔给下一班的人穿。这样，矿工们只得赤脚回到工棚，地上的冰雪有时沾掉他们脚掌上的皮肉。

在这样的环境里，很多矿工死在狗腿子的皮鞭下，被折磨死在了煤窑里。他们吃的是发霉的树叶、花生皮，喝的是井下的脏水。他们遭受着人间残酷的压榨，含着满腔的悲愤离开了人世。

焦裕禄有一回在井下背煤时，忽然听得轰隆一声，一块大灰煤落了下来，正砸在他的头上，顿时昏了过去。奇怪的是，窑主却热心地替焦裕禄治起伤来。

一个戴眼镜的医生见了，满怀关切地走了过来，说："你身上的麻袋片有细菌，得去消毒。"说罢硬逼着焦裕禄脱了下来，放在沸水锅里煮。一会儿，他竟用棍子挑着热气腾腾的麻袋片朝他走来，一下子扔到焦裕禄的身上，烫得他身上当时就起泡。不知过了多久，又有个狗腿子医生拎着个药包来了，二话没说，拿来又粗又长的针管，用针头朝焦裕禄的胳膊扎去，血大量地流进针管，焦裕禄问："为啥抽我的血？"

"我是来给你检查身体的，必须先化验血。"说完，拿了一个大血袋，抽了半袋子血。另外，腰间的兜里还有一袋血。

抽完血后，焦裕禄被扔到一个黑屋子里。在屋里，焦裕禄看到一个人蜷缩着，他翻开这个人一看，原来是父亲，他竟然也被遗弃在这里。父亲面无血色，嘴一张一合，似乎要断气。焦裕禄可怜地看着父亲，叫醒他，给他喂了点自己存下来的馍片。

自那狗腿子医生抽血走后，焦裕禄父子俩待了两天仍不见人来，他们意识到这里就是人们常说的死尸房。

这时，只听嘎吱一声门开了，一道光柱射进来。

焦裕禄立即警觉起来，他一看原来是位老大娘。焦裕禄知道她是被窑主逼来的，是矿里的一个勤杂工。

老大娘一进屋，便搀扶焦裕禄走出来，把他放到一个隐蔽的地方说："你的血被他们抽走卖了，他们把你放在死尸房里，马上又要抽你的血了。"她又给焦裕禄几个馍，说："孩子，我昨天在这里干活时，发现这间屋的后门，窑主忘关了，就寻思着救你出去。因为再不出去，你的血就要被抽完了。哎，苦命的孩子，你赶紧吃完这些馍，带上你爹，逃个活命吧。"

焦裕禄说："大娘，谢谢您救了我们的命！"

大娘说："都是受苦的人。况且，上次我在井下推车时，车倒了，我被埋在里面，是你和你爹带领大伙救了我。我一把年纪了，况且我儿子还被他们控制住了，我要是走了，对他不利。"

焦裕禄说："我要是走了，窑主会怀疑是您放走的啊！"

大娘说："放心吧，我是路过的啊，没人会怀疑的。"

这时，焦方田醒了。焦裕禄对他说："是这位大娘救了咱们。"

焦方田想表示感谢，大娘插话道："赶紧走，再不走，窑主来了，想走也走不了。"

焦裕禄揣上馍，拉着父亲，急忙从后门走了，

本章结语

焦裕禄在煤窑的遭遇揭示了一个人吃人的社会，无论焦裕禄怎么挣扎，始终改变不了时时挨饿、处处被压迫的命运，是这个万恶的旧社会把焦裕禄一步步逼上革命道路的。可以说，焦裕禄后来成为坚定的革命战士和优秀的共产党员是有着深厚的社会思想基础的。

焦裕禄是从社会的最底层成长起来的党员干部，对农民、工人的疾苦非常了解，知道他们的所思、所需，尤其是青少年时期的悲惨遭遇，使焦裕禄对农民和穷苦工人有着特别深厚的阶级感情，这就是为什么焦裕禄在洛阳矿山机器厂对待工友如兄弟姐妹一样，冒着风险购买议价粮救济兰考灾民，雪夜访贫问苦的重要原因。

第六章

痛失父亲

事在人为，路总是人走出来的，困难总是要人去克服的。

——焦裕禄

阅读提示

1941年，博山又遭遇了大旱，这对焦裕禄一家无疑是雪上加霜。此时的焦裕禄一家已经到了山穷水尽的地步：维持榨油营生唯一的骡子病死了，土地被卖掉了一大半，哥哥外出逃荒要饭。更让他们一家窒息的是，几年前因经营油坊向本家财主焦兆忠借的两块大洋已经翻到了十块大洋，债主不断上门催账，债务压得焦家透不过气。

几经辗转，焦裕禄和父亲终于回到了北崮山村。

在北崮山村的西北角，焦家有几亩薄地，经过几代人的辛勤劳作，昔日的不毛之地长出了茂盛的庄稼。财主一看红了眼，总想把这片土地据为己有。

焦家人穷了几辈子，但从来没想过卖地，因为这块地养育了他们几代人。可是这块地和财主家的地相邻，财主觊觎已久，真像是虎窝旁边放着的一块肥肉，让焦家人日夜为此担忧！

上辈人穷到骨子里，地也不肯卖，并且为保住这片土地已经与财主进行了多次抗争。但是，到了焦方田这一辈，财主见焦方田性情懦弱，利欲熏心的双眼对这片地虎视眈眈，仗着自己有钱有势，隔三差五地找茬。

有一年，一场大雨刚过，财主的狗腿子赶着马车，从焦家的田地里碾了过去，留下了很深的车辙和马蹄印，还让牲口吃庄稼叶，将庄稼地糟蹋得不成样子，当时又过了补种庄稼苗的季节，焦家只有白白荒废了一片土地。

为此，焦方田气得张嘴说不出完整的话来：“只要我们……焦家断……不了后，你们别……想要……地。”

阅读提示

令焦裕禄和家人意想不到的事情发生了，1941年一个寒冷的深夜，看不到希望的焦方田在油坊里用一根绳子结束了自己年仅40多岁的生命。还账无望的压力成了压垮他的最后一根稻草，而当时焦裕禄才19岁。焦方田死后，留下了几间草房和十块银元的债务。从此，焦裕禄不得不和母亲相依为命，挑起生活的重担。

财主却得意地冲着焦家人哈哈大笑。

就在这一年的秋天，北崮山村大旱，庄稼几乎颗粒无收。但是狼吃小羊不嫌瘦，财主政府串通一气，巧立名目收租，他们名义上打着抗日救国的幌子，实则勒索百姓钱财。

一天上午，地头蛇保长带着三四个保丁，急匆匆地来到焦家，进门就喊："现在，日本人打来了，大敌当前，我们要团结一致，户户捐钱，家家送衣，献给打仗卖命、流血牺牲的官兵和他们的家属。"

焦方田可怜巴巴地说："俺家又几天揭不开锅了，哪有一文钱啊！"

地头蛇保长装出一副大慈大悲的面孔，虚情假意地说："考虑到你家生活困难，我网开一面，让你家少交点，并给你半个月的期限。到时可得送去。"保长说完带着人扬长而去。

焦裕禄气愤地说："爹，今年遭灾，还没到开春就断了粮，咱一家人饭还吃不饱，哪有钱给他们啊！"

"儿啊，如今这年代，农民头上三把刀：租子重，利息高，苛捐杂税多如毛。我凭着一身力气，推拉扛挑，走南闯北，什么都干啊，长年累月给人家卖命，可就是没有奔出个好日子……”焦方田悲痛地说不下去了。过了一会儿又说：“前天财主到咱家逼账，老账还没还上，新账又记到本子上了，咱这一辈子当牛做马累死也难还清账，我看这日子没法过了！”

焦裕禄听到父亲从心底发出的悲哀，心中像刀扎一样。为了缓解父亲身上的重担，他下死劲干活，想用自己的努力拼搏改变家里的贫穷。但是，在如狼似虎的保长、凶残成性的狗腿子，还有贪得无厌、为富不仁的财主的共同压榨下，焦家人丝毫也没能改变穷困的日子，可怜的焦方田如同盲人骑野马、夜半临深池，每天都是战战兢兢地过日子。

到了深秋，黄叶随风飘零，凄风苦雨中，焦家小院荒草拂动，墙塌棚歪，隔着房顶能看见天，满院一片衰落的凄惨景象，这一切使得焦方田更加垂头丧气。

一天午后，焦方田在屋里来回踱步，为生计发愁，他把焦裕禄叫到了跟前，一看到儿子，焦方田的泪水就流了出来。

焦裕禄伤心地问：“爹，你怎么哭了？”

焦方田慈爱地抚摸着焦裕禄的头说：“爹是被吃人不吐骨头的财主逼的呀！禄子，你长大了不要忘记咱家的血泪史呀！”一会儿他又像是自言自语：“我无能呀……我无能呀……”

焦裕禄知道父亲又想到了伤心处，也忍不住流出了泪水。

这时，保长带着一帮人破门而入。他一见焦方田就暴跳如雷地嚷叫起来：“你这个不知好歹的东西，敬酒不吃吃罚酒，我好心给你个期限吧，你反倒得寸进尺，一拖再拖，为啥不送钱过去？”

后面那几个青皮光头的狗腿子，个个面目狰狞、呲牙咧嘴地随声附和：“快点交，快点交！”

还有一个五大三粗的狗腿子阴阳怪气地说：“咱们要速战速决，早剃头早凉快！”

这帮张牙舞爪的家伙，你一言我一语把焦方田催得不知所措，半晌焦方田才壮着胆子颤抖地说：“保长，咱们是老邻居呀，你还不知道吗？俺家老底就有账，现在已经好几天揭不开锅了，往后还咋过啊？”

一向禽兽不如的保长，自然不把穷人的死活放在心里，奸笑一声，狡辩道：“你倒还有长远打算哩，这年头谁不是穷家薄业？都是过今儿不说明儿。方田，今朝有酒今朝醉，明天没酒喝凉水，歪刀对住瓢切菜，将就着过吧！”

焦方田见解释无用，禁不住潸然泪下，苦苦哀求道：“保长，你行行好吧，高抬贵手放我们过去吧，等来年丰收了一定还你。”“放屁！”保长见焦家实在一无所有，便指着焦裕禄说：“不想出钱的话，叫他到枪响冒烟的前线，长长见识。”

焦方田吓得连说不行。

就在这个时候，对好暗号的那个财主见时机一到，假惺惺地替焦方田求情：“也别强人所难了，我出个一举两得的主意。焦方田家的地，我出钱买了，他不就有钱上交了吗？”

保长还一唱一和地对财主说：“好主意！好主意！你真

是大仁大德呀，你可不要后悔呀！”

财主上前一步，看似讨好地说：“为了能解焦家的急，我多出点钱，吃点亏，总比见死不救强。”他又话锋一转，指桑骂槐地说：“地方摊派，人人得交，谁敢违抗，官府伺候。”

保长见状，趁机不安好心地敲起了边鼓：“方田，认下吧，在这个你死我活的年头，别再心疼那几亩地了，你可是个能吃苦的人啊，我估计出不了两年你就能把地赎回来！来人，把地契取来，让他按个手印，钱也不用交了，麻烦也不找了，多自在啊！”

焦方田退着身子，哆哆嗦嗦地连说不行。

这时，两个力大如牛的狗腿子不容分说，硬扯住他的手指塞进印泥里，强迫按在早已写好的卖地文约上。

就这样，焦家的几亩地被财主据为己有。财主的满脸横肉堆上了得意的奸笑：“焦方田，这一回可别愁了，啥税我都给你免了。”说完，扔过来一个破钱包。

焦方田脑袋一轰，昏倒在地。良久，他才醒过来。他想到老一辈的嘱咐，心里无限悲痛，又想到年幼的禄子跟着自己整天过着受罪的日子，他越发感觉受人压迫的生活度日如年，含冤忍辱的日子生不如死。拿起钱包，看看寥寥无几的一点卖地钱，意识到白白被财主算计了。

他默默地想了很久，眼泪像雨点一样，唰唰地流满了脸颊。当天夜里，这个一辈子辛苦的老实人，偷偷地悬梁自尽了。

李星英望着丈夫的尸体，哭得死去活来，白发苍苍的焦念礼呜咽着：“你怎么能为这几亩地就走了绝路啊！”

焦裕禄伏在母亲的身边，泣不成声，泪如雨下。

焦家的地被财主霸占后，性格坚强的李星英不甘心自己的土地被财主白白夺走，拿着工具到那块地里干活。正当她种地的时候，财主领着狗腿子走了过来。

“李星英，你想干什么？”

“种俺的地。”李星英望着财主，不屈不饶地说。

“嗯——你家的？”财主一声冷笑，“卖地合约在我手上，还敢胡搅蛮缠，给我打！”

李星英气愤不已，怒视着财主，狗腿子立即上前按住了李星英。

其他乡亲见状，急忙前来阻拦说：“方田才下葬，坟土未干，你们不要再伤害这个苦命的女人了！”然后从狗腿子手中拉走了李星英。

财主这才悻悻地回去了。

本章结语

在半殖民地半封建的旧中国，社会无比黑暗，处在社会底层的农民、工人和小资产阶级没有地位和尊严，拥有的生产资料很少，大都靠出卖劳动力为生。他们饱受欺凌和压榨，不分昼夜为地主官僚辛苦劳动和卖命，却得不到温饱。在帝国主义、封建主义、官僚资本主义三座大山的压迫下，许多农民、商人和小生产者纷纷破产，最后沦为卖苦力的无产者。焦方田这位勤劳、善良、老实的农民，也是这样一步步走向绝路的。频繁的天灾，让庄稼颗粒无收、生活难以为继，本想通过经营油坊生意扭转困局，没想到日本的侵略和繁重苛捐杂税等，让焦家一贫如洗，再加上高利贷的盘剥，焦方田始终看不到生活的希望，最终绝望自杀。

当时，中国的千百万劳苦大众都有着类似的命运。对他们来说，革命只是一个时间问题。

第七章

流离失所

这些人，绝大多数都是我们的阶级兄弟，是灾荒逼迫他们背井离乡的，这不怪他们，责任在我们身上。

——焦裕禄

阅读提示

在解放前的北崮山村，焦裕禄和其他底层百姓，过着受压迫、受剥削的苦难日子。以下描述了焦裕禄对其他穷苦百姓竭尽所能提供帮助，却反受当地财主欺凌而不得不背井离乡的故事。苦难的生活，不但没有麻木焦裕禄对弱小者的同情、削弱他对剥削阶级的反抗意识，反而成为孕育焦裕禄善良、坚毅人格的精神给养。

天下乌鸦一般黑，世上财主一样狠，山上的苦竹根连根，天下的穷人心连心。小小的北崮山村，人口不多，但卖儿卖女仍活不下去的占了一大半。

焦裕禄这个苦水里泡大的少年，大苦大难的生活在他幼小的心灵里，刻下了深深的烙印，也造就了他追求正义、向往光明的秉性。

村里有一位佝偻老汉沿街乞讨，被财主撞见，抬脚就踢，可怜的老汉一头栽倒在地，焦裕禄上前扶住他，并把他搀到家里。尽管自己家省吃俭用，焦裕禄却为老人端吃送喝，寻找土方草药。

还有一个白发苍苍的老太太，在路边唉声叹气。焦裕禄一问才知，她想卖柴火糊口，结果一整天也没卖掉，天黑路远，柴火也背不动了。焦裕禄听后，便替老大娘背上柴火，迎着刺骨的寒风，把她送到家里。

本村的一个财主见焦裕禄助人为乐，看不惯。一次两人相遇时，财主用拐棍敲打他，说："我叫你当愣头青，就你知道穷人心连心！"

焦裕禄气急了，和财主据理力争，可财主蛮横地顺手一拳，焦裕禄躲闪不及被打倒在地。他一骨碌爬起来，使尽全身力气，一肩膀向财主撞去，只听财主扑通一声栽进河里，几口水灌进肚子，呛得他仰着脖子大叫。

焦裕禄嘴里直骂：“我叫你偷偷摸摸地装孬！”

财主从河里爬了上来，叫嚣：“你等着，下一回叫你知道我的厉害！”说罢，满身滴着水走了。

在回家的路上，焦裕禄边走边想：“这些吃人肉喝人血的寄生虫，为所欲为地欺负穷人，这算什么世道？”

满肚子的黄连水，满眼的不平事，焦裕禄心里升起团团的怒火。回到了家里，母亲听完儿子的诉说，大惊失色：“儿呀，这下你可闯下了大祸，咱可斗不过那些有钱有势的人，得躲着走，不走要被他们整死啊！”

于是，焦裕禄母子决定外逃。在离开家乡这一刻，焦裕禄的心情无比凄凉。他想到自己的父亲，一辈子给财主做牛做马，累死累活，临终前却被财主逼着上吊；爷爷不顾年迈体弱，出外找活，至今流落他乡，生死不明。

焦裕禄母子二人简单地收拾一下，就悄悄地走了。母子在离家外出之前，在父亲孤零零的坟前烧了一把纸。想到带着辛酸、含冤离开人世的父亲，焦裕禄嚎啕大哭……

焦裕禄母子二人走了几十里地，来到了一个前不着村、后不着店的透风漏雨的破庙。此处荒无人迹，茫茫的山岭上笼罩着浓浓的雾气。焦裕禄在这荒山野外，开始了风雨飘摇的日子。

焦裕禄收拾妥当后，抄起镰刀，拿着根绳，顶风冒寒上了山岭。北风咆哮着，树叶沙沙作响，他露出的胸膛被风吹凉了，又暖热，暖热了又吹凉……一会儿，他发红的胸口就积下了一层冰凌花。焦裕禄对此全然不顾，一心只想多砍些柴火。

突然，树下响起一声老乌鸦似的沙哑声：“谁在上面呀？”

焦裕禄回过头来，见是一个身材矮矮的、留着山羊胡的胖老头，手拄着一根拐杖，向上指着他。

焦裕禄便说：“是我，我在砍柴。”

“外山飞来的鸟还想吃当地的公鸡，哪有那么便宜。谁叫你偷我家的柴火？”

“我啥时候偷啦？”

“明明在树上，还说没有偷？”

“这公家的山柴，谁都能砍！”焦裕禄说着从树上慢慢地下来。

“你还充光棍啊！”胖老头将拐杖倒过来，钩住焦裕禄的脚，往下一拉，焦裕禄就从树上滑了下来。他正要发怒，胖老头的两个随从按住了他。

胖老头显出一副地头蛇的神气，说：“我看你是外地人，不知道我的威名，我叫孙孬蛋！”他用手在空中一划，“你看见了吗？这山上的树，山下的田和我一个姓，都姓孙！你是哪一个地方的人啊？”

“我是从博山逃荒过来的，住在北面的庙里！”

“欢迎！欢迎！既然你在我这儿生火过日子，我孙孬蛋就收下你这个流浪汉，我干脆拨给你一块地，以后丰收了，别忘了我就行！”说完让随从放开了焦裕禄。焦裕禄扛着柴火回家了，母亲李星英便点燃这些柴火烧水，刚砍下的湿柴，烟多火少，呛得她睁不开眼睛。两个烂边儿碗，一个烂耳朵的锅，这就是李星英母子生活的全部家当了，没有办法只能凑合着过。

李星英说："禄子，光靠要饭不是长久之计，这山区人烟稀少，租地便宜，待会你去问问。"

焦裕禄说："这里的孙孬蛋想给我们一点儿地，我这就去找他。"

焦裕禄找到孙孬蛋后，把来意一说，孙孬蛋就带着随从和焦裕禄到了荒山，他用手一比划，说："看见了吗？这片地就划给你了。"

"一年交多少斤粮食？"焦裕禄问。

"我拔掉一根汗毛都比你的腰粗，还在乎你那三瓜两枣？头一年免交，第二年交100斤。我孙孬蛋不是那种贪得无厌的人，知足常乐嘛！"说着，他领着随从回去了。

焦裕禄借了个锄头下地。他走到那儿仔细一看，那是一片什么地方啊？杂草丛生，大石头压着小石头，一锄头下去，恨不能把锄头碰个豁口。焦裕禄锄去了毛草，拣净了石块，起早贪黑地干了半月，总算是把地摊平，把草除净了，实际上等于给孙孬蛋开了一片荒岭。

焦裕禄母子开荒除草，播种补苗，指望着庄稼丰收了，能过上温饱的日子。俗话说，天冷不冻织女手，饥荒不饿苦耕人。靠着焦裕禄和母亲李星英的辛勤劳作，这块地在这灾荒年月也多少收了些谷子。

这一天，焦裕禄刚把谷子扬干净。忽然，一片黑沉沉的乌云压过来，越积越厚，天很快黑了下来，又起了风，山上的树哗哗地摇晃着。瞬间，空中响起阵阵雷声，看来一场暴风雨就要来临了。

焦裕禄担心大雨淋坏了谷子，就抱了许多谷草把谷堆盖住，然后又用铁锨掘些土围住防止雨水冲走谷子。

炸雷阵阵，电光闪闪，风雨铺天盖地，整个谷场被雨吞没了。焦裕禄母子深知场里的谷子是今后唯一生活来源，在雨中手忙脚乱地盖谷子。这场大雨足足下了大半天，李星英淋得卧床不起了。

雨过天晴，孙孬蛋领着几个五大三粗的随从，提着几个袋子和大斗，向谷场走来。

孙孬蛋老远就喊："裕禄，我看白白叫你糟蹋了二亩土地，就打这点粮食啊！"

"是呀，东家，地有点薄。"

"你说啥？"孙孬蛋把嘴一咧，说："人不亏地皮，地不饿肚皮。人懒了说地薄，我能可怜你吗？给我量谷子！"

一个随从先过了筛，另一个随从又过了箩，又一个随从装在了斗里，还有个戴眼镜的在一旁"吧嗒吧嗒"地打着算盘。

等他们筛过去箩过来把谷子装进袋子的时候，地上只剩下一点谷糠了。孙孬蛋开口说道："我有心给你留一点粮食，可这算盘珠子不饶人啊！"

焦裕禄质问他："你不是说头一年免交粮吗？"

"给你免了我吃啥？这年月哪有白给的！"

焦裕禄心想：孙孬蛋就不是个东西，便气愤地说："我算是看透你的心肠了！剩下这点谷糠，叫俺咋过？"

"兔子靠腿狼靠牙，各人自找谋生法！"孙孬蛋强词夺理，"我看你也是个能人，这年月饿不死你！"

没办法，焦裕禄母子只好在孤庙野岭，风餐露宿，相依为命。虽然心中不满孙孬蛋的剥削，但为了糊口，不得不忍气吞声在他手下讨生活。

母子俩就这样过了一季。一天，天阴沉沉的，焦裕禄迈着两只泥脚从地里回到了庙里，正和孙孬蛋蹦了个正着。

“你穷小子不到中午就回来了，谁都知道，懒汉就是守在井边也得渴死，为啥你地里的粮食打得少？就是因为你太懒，我孙孬蛋这一次可不能再听之任之了。”

“东家，你有啥事？”焦裕禄问。

“收田租！”孙孬蛋说。

“还不到期呀！”焦裕禄说。

“咱俩啥时候说过正儿八经的日子？”孙孬蛋蛮不讲理地说，“我想啥时候收就啥时候收！”

“玉米今年遭冰雹了，收成不好！”

“我看你这是不想租地了，跟我耍赖，从今天起那块地我没收了！”

“东家，有话好说。”

“我看你横竖不想离开我这个油水锅台，好说就好说，租子再加一成！”

焦裕禄心想：再加一成后，一年的血汗也填不饱孙孬蛋这张贪得无厌的狗嘴，于是拒绝：“不行！”

孙孬蛋一蹦老高：“嗯——你不当家，我说了算！”

“你咋不讲道理？”

“我给你弄块讲理的地。”孙孬蛋用手一指，“去再开垦那二亩荒山吧。”说罢，令随从一拥而上，把焦裕禄辛勤种的玉米抢光了。焦裕禄怒火冲天，要与他们拼命。李星英含着眼泪拦住了儿子：“这年头，豺狼当道，咱穷人只有被欺负的份儿。斗不过他们，弄不好连糟糠都没有了啊！”

焦裕禄气得脸色发青。真是毒蛇头，黄蜂针，最狠不过财主的心。他起早贪黑开垦的这二亩荒山，把薄地耕肥，结果被财主没收。不劳而获、衣冠禽兽的孙孬蛋趾高气扬地呼喊着随从，拉着玉米走了。

一位本地老农劝焦裕禄：“小伙子啊！你咋跟他打起交道了？他是当地有名的孬蛋种啊！俺这儿的人曾经顶过租，抗过捐，还跟他到县衙打过官司啊！可是，官府跟财主穿的是一条裤子。枪杆子、印把子他们掌握着，最后是穷人含冤坐牢，富人依旧坐享其成。”

后来，他们母子实在待不下去，只得又回家了。

本章结语

解放前的中国，广大穷苦百姓过着水深火热的日子，生活在小小北崮山村里的焦裕禄也不例外。但难能可贵的是，少年时期的焦裕禄胸怀正义，在自己的生活无以为继的情况下却对其他百姓伸出援手，面对财主的残忍剥削据理力争。但在那个年代，穷苦百姓根本没有说话的权利和说理的地方，焦裕禄的反抗，换来的是背井离乡，但在异乡同样受到财主的压迫而又不得不返回家乡。这些遭遇，加深了焦裕禄对社会现状的认识和对剥削阶级的仇恨，加深了对底层百姓命运的深刻体悟，这为焦裕禄后来投身革命奠定了思想基础。

第八章

巧送情报

我们干部对待困难，一是不怕，二是顶着干。怨天尤人不可有，悲观丧气不足取，无所作为不能要。

——焦裕禄

阅读提示

焦裕禄和同伴为了生活外出挑煤，在途中受到日军和汉奸的凌辱，幸亏得到抗日武装游击队长的搭救才免受土匪的打劫。游击队长为群众不惜流血牺牲的精神打动了焦裕禄，这为焦裕禄进一步了解共产党是怎样一支队伍并成为其中的一员埋下了伏笔。

爷爷外出没挣到钱又回来了。焦裕禄和母亲回到家里，家里却空空如也。粮食已经没有，财产也已经散尽，家中实在揭不开锅，为了活命，焦裕禄和本村里的小张结伴外出讨饭。走了几天也没要到东西。正当他们心情沮丧，饿得头晕眼花、急得团团转的时候，有一个头戴礼帽、手持文明棍的富人向他们走来，面露善意地说："这年头，去哪里也不好讨饭，还是自食其力的好，我给你们找个活干吧。"

焦裕禄问："干啥？"

那个富人说："去挑煤。"

为了糊口度日，焦裕禄回到家里，收拾破烂衣物，准备跟着这个富人挑煤挣钱。

焦念礼说："到那儿贩煤，一路上翻山越岭不说，还得途经土匪聚集、杀人越货的黑村，那可是个虎踞龙盘的险要地方。当年，我途经此地，就曾吃过苦头，被土匪抓住打了一顿，最后趁天黑土匪没注意，才逃离了虎穴。禄子，你可不能去闯狼窝啊！"

"嗯，爷爷，我知道。我也不小了，也要学会自己生存啊。放心，我会照顾自己的。"焦裕禄说。

“要去挑煤，就得半夜动身，这样，路过黑村时，才不至天黑。咱家一没有火把，二没有灯笼，黑灯瞎火，你能看见路吗？”焦念礼担忧地问。

“我用过去油坊垫车的油棉纱点着照明，还可以扛很长时间。”焦裕禄说。

焦裕禄的母亲知道他要去挑煤，心里也舍不得。可是她也知道家里实在揭不开锅，在家也是挨饿受冻，说不定去外边还能混一碗饭吃，无奈只好答应。

就在焦裕禄去外地挑煤的那天凌晨，母亲早早起来，千叮咛万嘱咐，送儿子到村口。焦裕禄约上村里的小张，顶着星星匆匆动身了。

他俩爬过几座山，穿过几片树林，赶到挑煤的地方，哪知时间还早，在煤窑办事处一个人也没见到。

焦裕禄他俩想先歇会儿，一看满地都是煤尘，屋檐下面有两张桌子，那是窑上开票记账用的。小张上了桌子，想暂时打个盹，可一会儿却睡着了。开磅称煤的人员一来，猛地一推桌子，他被重重地摔在地上。

焦裕禄见此情景，连忙扶起小张，帮他拍打了身上的尘土，向这里管事的说明了来意。管事的同意了焦裕禄和小张来这里挑煤。

等到挑煤的时候，小张想多挑些，试了试挑不动，又去掉了些，办事人员不耐烦地说:“你要不挑就滚蛋吧！”

小张非常恼怒，一股气上来憋红了脸。但是为了生活，不得不忍气吞声。

焦裕禄和小张挑着煤走了。才走一二里地的时候，他俩感觉到肩膀被压得很疼，便换肩挑。担子从左肩换到右肩，从右肩换到左肩。换来换去，最后两个肩膀都疼得无法放了，只好暂时歇息。

傍晚时分，他们到了黑村，这时，焦裕禄的双肩像开水烫过一样，皮肤脱皮，大片红肿。尽管如此，他们还得一个劲儿地赶路，以防在黑村碰到土匪。

他们走着走着，突然来到了日本鬼子临时设置的岗哨前。

岗哨上插着一面日本侵略者的国旗，哨口站着两个端着刺刀的鬼子，他们在严查过路的行人。

这两个鬼子蛮横地打量着焦裕禄，见他挑着煤头也不抬，就把枪往他眼前一挑，叫道："八格牙路，你的礼的不敬，什么的来路？"

另一个鬼子端着刺刀凶恶地向他跟前走去，嘴唇动弹着："你的帽子为何不取？"

焦裕禄面无惧色，摇了摇头，说："听不懂你的话。"

鬼子见他仍不脱帽，举枪就挑，刺刀"唰"的一声划过，把焦裕禄的帽子戳到了地上，恶狠狠地说："你的良心大大地坏，为何礼的不敬？"

这时，一个汉奸走到了焦裕禄身边，皮笑肉不笑地说："你们要过岗哨，就得给日本军官鞠躬脱帽。"

焦裕禄气恼地说："我不会这礼节。"

这个汉奸嬉皮笑脸，低头弯腰比划着，说："鞠躬其实很简单，就是一点头一弯腰。"说罢，他又做了一遍示范，一副奴才样。

汉奸觉得完成了主子的吩咐，望着鬼子讨好地问："他们以后改了，叫他们滚蛋吧？"

由于受到鬼子的纠缠，耽搁了点时间。到黑村时已是暮色苍茫。经历了一场风险，他俩感到头昏眼花、全身乏力，双腿好像灌了铅似的迈不动脚步。两人干脆就地一坐，啃起了粗糙的干馍，喝了几口水。

“禄子，咱还得赶路，弄不好遇到土匪，咱辛苦一天的钱白扔了，家里人可指望着咱挑煤挣钱填饱肚子啊！”

“那咱快些走吧。”

夜色朦胧，苍穹茫茫，山林里静悄悄的，远处高低起伏的山峦，像怪物似的立在那里。正当他俩起身赶路的时候，突然，前面有一个黑影，大步流星地走来，并招手问：“小伙子，让我喝口水好吗？”说着已来到了跟前。

焦裕禄说：“我们满身是煤，只要不嫌水脏，你就喝吧。”说着，把沾满泥的水壶递给了这个人。焦裕禄趁那人喝水时，仔细端详着这个来路不明的人。在黑夜中只能看到他的轮廓，只见他头戴礼帽，身穿绸衫，脚蹬抓地虎鞋，倒像是个阔人。

那人喝过水，彬彬有礼地说：“咱们一起走吧，我帮你们挑会儿。”

小张心想：这准是土匪奸细，以帮助为名，招来同伙再劫钱财。于是说：“你走吧，别弄脏了你的衣服。”

陌生人也不恼，和二人说起家长里短。他还替焦裕禄挑了会儿，并把自己的毛巾垫在小张的肩上。焦裕禄看着他，心中疑虑：这个人到底是干什么的？

当快走出黑村的树林时，这个人突然拦住他们说：“先别走，我到前面看看情况！”

陌生人话音一落，便快步向密集的树林走去。当他刚消失在茫茫夜色中时，小张便责备道：“刚才你跟他有说有笑，无话不谈，不怕他找咱的事吗？”

焦裕禄解释：“他客客气气地给咱帮忙，没啥妨碍。再者，我也没谈其他的事儿。”

“那人到底是干啥的？”小张问。

“我也搞不清他为何而来，但他决不是普普通通的过路行人。”焦裕禄说。

“也许是个乔装打扮的土匪吧。”小张猜测。

两人你一言我一语地争议着，那人又匆匆地走近他俩，严肃地说：“这边土匪很多，刚刚我在那边看到了几个土匪，他们马上要行动了。你们在后边别出声，我先走到前面。”

两人一下子紧张起来，尤其是小张，一听这话忙说：“咱俩见机行事。”焦裕禄和小张心里都暗暗捏了一把汗。

说罢，那人又别着枪钻到树林子里面去了。

过了一会儿，树林里突然传来几声枪响。后来才知道，原来陌生人是乔装打扮的游击队长，根据上级指示，来到黑村昼伏夜出，明察暗访，专门收拾土匪。

这时，队长回过身来，说：“现在你们可以走了，土匪已被我打死了。”

焦裕禄见他一瘸一拐的，关切地问：“你受伤了吧？”

“只擦破点皮儿，没事儿。”

焦裕禄从他紧皱的眉头和说话的语气，知道他在忍受着极大的痛苦，心里非常难过：“刚才要不是你，我们都没命了。你为老百姓除了大害呀！”

那人点点头：“我是游击队长，听说这儿土匪经常出没，打家劫舍，搞得这里鸡犬不宁，民不聊生，上级专门派我来整治他们！”

“你见了那些土匪不怕吗？”焦裕禄问。

“怕有什么用，咱们只有团结一致，消灭这些祸国殃民、杀人越货的土匪，才能安居乐业呀！”

焦裕禄感慨地望着游击队长，把自己的毛巾绑在他的伤口处。那人拍着焦裕禄的肩膀说：“小同志，谢谢你呀。”

“队长，你的伤口还流着血，看得出来，一定很疼吧！”焦裕禄关心地问。

“是有点，可是为了革命，流血是常事。为了将来不流血，让广大劳动人民过上好日子，眼下受点疼，流点血也值得呀！”他笑着说，“小同志，我另有任务，以后再谈吧。”说完，游击队长走了。

阅读提示

焦裕禄给抗日根据地送情报、为根据地站岗放哨勇擒汉奸。在这个过程中，焦裕禄更加认识到共产党是进行抗日救亡的中坚力量，是指引劳动人民争取安定幸福生活的指路明灯和最大希望。

同时，从焦裕禄巧过日军岗哨送情报、智擒汉奸的故事中，我们也可以看出焦裕禄的机智勇敢，办事讲求策略方法。

焦裕禄夜走黑村，偶遇游击队长，特别是游击队长的一番话给他留下了深刻的印象。每当夜深人静时，他都趴向窗户，遥望苍穹，想起那个英勇剿匪的人。

一天，太阳一出来，就像大火球烤着大地，处处闷热。北崮山村抗日组织的负责人找到焦裕禄，说：“党组织了解到你与土匪有深仇大恨，有剿匪反霸的想法，并且机智灵活，有胆有识，组织准备叫你去解放区送情报，你看咋样？”

焦裕禄一听高兴极了，心想：说不定上次碰到的那个游击队长还在那儿呢，就高兴地答应了。

第二天拂晓，焦裕禄便迎着朝阳，踏着露水，出发了。临近抗日根据地时，他望见一道哨卡，还有个伪军手握钢枪来回走动，他想：我一定要沉着应对，安全地把情报送过去。想到这儿，他便不慌不忙地朝哨卡走去。

“干什么的？”伪军冲他大喝一声。

“到前面去！”焦裕禄说。

伪军傲慢地昂起头，张着大嘴问：“到底干什么？说得详细些。”

这个伪军满嘴酒气。焦裕禄一眼就看出，他准是个嗜酒如命的酒鬼，便说：“我去前村买几斤烧酒。”

“酒——酒——小孩也会喝酒？”伪军眨了一下老鼠眼，摸着嘴巴问。

焦裕禄察言观色，早见端倪，仍漫不经心地说：“俺爹想喝酒哩，叫我买两斤。”

伪军一听，和气地说：“你多弄些，也给我捎来两斤，叫你过去！”

“要是叫你的弟兄查到咋办？”

这个伪军立即取出笔和纸，开了个条子，说：“你只说跟九班长是亲戚，再叫他们看看条子。”

“你等着吧，包在我身上！”焦裕禄说着，接过条子走过了岗哨。

焦裕禄走了一夜，来到抗日根据地，墙壁上那赫然醒目的抗日除寇标语，给人焕然一新的感觉。尤其是那意气风发的八路军，浑身洋溢着一种威武豪迈的气概，焦裕禄看了十分激动。

傍晚时分，他准时送去了那份情报。

一位和蔼可亲的首长接见了他，热情地招呼着焦裕禄说：“你这毛头小伙蛮机灵，是个通讯员的料！”

就这样，焦裕禄在这里和几个伙伴唱着抗日的歌曲，在山上割草。有一天，听见一阵嘹亮的军号声，他们好奇地看了起来，见到有许多战士在河滩上操练，那情景把他们惊呆了。

这时，只见一个身材魁梧的指挥官高声命令：“冲呀！”

于是，战士们一齐飞身上马，那马奔跑起来，如同大河里滚滚的波涛，咆哮着。战士们背后的大砍刀一闪一闪的，亮得耀眼；刀把上的红绸子一抖一抖的，像无数燃烧着的火焰。

战马嘶鸣，尘土飞扬，杀声震天。

训练结束了，战马呼哧呼哧地喘着粗气，还有一匹大白马低着脑袋，在地上嗅着什么。

焦裕禄一拉身边的伙伴，说：“马可能饿了，咱先给马去喂点草！”

“走，喂马去喽！”伙伴们背起草篮直奔训练场。

焦裕禄跑得快，第一个到了战士的跟前，他把草篮往地上一放，说：“马饿了吧？给草。”

“嗨哟，谢谢你们了。”战士说。

另一个伙伴不由分说，就把青草扔给了马。

“慢着！”一个战士拦住了他，说：“现在不能喂，牵着马遛遛才能喂呀！”

焦裕禄眼睛一忽闪，高兴地说："那叫我们帮你遛遛吧。"

战士们看着这几个热情的小伙伴，不好意思拒绝，就说："小心点，别叫马踩着脚了。"

他们一拥而上，甭提有多高兴了，一人拉过一条缰绳，一个跟一个地牵着马遛了起来，战士们也跟在后面陪护着，有说有笑。

焦裕禄心里美滋滋的，问："我们算抗日吗？"

"怎么不算？"那个战士认真地说："你们割草喂马，马吃得肥壮，到战场上厮杀起来，不更有劲吗？你们唱抗日歌，能唤醒人们的觉悟，也是为了更好地打击日本侵略者！"

"也是这么个理儿。"焦裕禄笑了笑说，"那我们就天天抗日。"

他停了一会儿问："往后，你还教我们唱抗日歌吗？"

战士点点头，就这样，焦裕禄在抗日根据地帮助割草喂马，又学会了一些抗日歌曲。

焦裕禄在抗日根据地看到身穿军装、扎着皮带、挎着手枪的八路军，也看到了院墙和树上贴满了花花绿绿的标语。

"团结起来，抗战必胜。"

"同心同德，选个好村长。"

这里的穷人，拿起枪杆，配合八路军，磨刀擦枪，藏粮运药，到处呈现出一派斗志昂扬的氛围。

焦裕禄在抗日根据地表现积极勇敢，一位领导给他布置了个任务：站岗放哨，防止敌人的破坏活动。于是他和

1945年抗日战争胜利后，焦裕禄同志积极参加民兵组织，投身解放事业。（油画）

伙伴们站岗放哨盘查过往的行人。

这天，他扛着红缨枪唱着歌又去执行任务了，一路上走着唱着：

“我们要选个好村长，听从指挥，品德高尚，就不选那个滑头鬼，也不选那个白眼狼……”

在县城给汉奸办事的财主的儿子正好路过，越听这个歌越不是滋味。溜吧，显得胆小，不溜吧，听着难受。他本来走过去了，却又回过头来，把三角眼一瞪，提高了嗓门：“你唱的这是啥歌，谁是滑头鬼，谁是白眼狼？”

“你心里清楚。”焦裕禄说。

财主的儿子听后，恨得牙直痒，不过他表面上露出了笑脸：“唱歌号召抗日是好的，可是天天唱也起不到什么实际作用啊，往后还是别唱了。”说完匆匆溜了。

财主的儿子一进家里，就给财主告状：“爹，我给你说个骇人听闻的消息。”

财主一听，怔一下，忙问：“又出啥乱子了？”

“你赶紧到城里躲躲吧！”财主的儿子却避而不讲了。

“我还想当选村长哩！”财主说。

“爹，现在是什么世道？你还想当村长，眼下咱村的穷鬼们，像鱼遇到了水，欢起来了。”财主的儿子说。

“跳蚤再多，还能顶起被子？我早已和咱村里有脸面的人策划好了，凡是跟咱沾亲带故的都串通串通！”财主说。

“今不如昔呀！”财主的儿子痛惜地说，“穷鬼们眼睁睁地看着你，恨不得吃了你，割你肉，分了咱们的财产啊！”

“你光说些败兴话，我不能走。”财主不同意。

财主的儿子当然知道自己的爹是个守财奴，舍不得万贯家业，苦苦哀求：“爹，良药苦口利于病，忠言逆耳利于行，你要是再叫钱财迷住了心窍，我可管不了你啦！”

老财主一听，好像是挖了他家的祖坟，气得大骂：“我看你是头上长角，身上长刺了，竟敢以下犯上！”

财主的儿子解释：“爹呀，无论我怎样解释你也不明白，我是怕你因财招祸，惜指失掌啊！别看咱们以前打着算盘要穷鬼的钱，可是现在他们却打着算盘算计咱们。”

“你小子别胡扯了，滚蛋吧！”

财主的儿子不肯离开，仍叨叨不休：“别看国民党兵多将广，却灰溜溜地跑了，八路军可是雄赳赳地来了，咱这些乌合之众，就像唾沫星子吐到锅里，解不了渴！再者，咱村里仇人多，就连一些小孩现在也敢捣咱的脊梁骨！”

“那就不能抓来，杀鸡给猴看吗？”财主恶狠狠地质问儿子。

“爹，我看你是坐轿不知抬轿苦啊？我都成他们的眼中钉了，抓谁去呢？你这不是墙缝里的蝎子蜇人不显眼吗？”财主的儿子又顶了一句。

财主见儿子和他抬杠，气得大怒道：“从今以后，你走你的阳关道，我走我的独木桥，咱俩断绝父子关系！”

财主把自己儿子骂了个狗血喷头，气昏过去。

财主儿子顾不上和老爹计较，连忙大呼：“爹啊！你醒醒哟……”

财主斜着眼睛，有气无力地说：“抓来一个教训他一顿，杀一下他们的气焰！”

火辣辣的太阳当空照着，山坡上的青石板烫得能烙面饼了，焦裕禄和一个伙伴在站岗放哨。

焦裕禄施展出当年爷爷教的上树本领，攀爬上树。他骑在树杈上，透过密密匝匝的树叶，望着连绵起伏的山岭，羊肠小道，关口大路，仔细观察远方的可疑情况。

突然，他见两个人在向他们走过来，便忙招呼另一个伙伴注意。不一会儿，那两个家伙已来到树下。

只听一个戴金丝眼镜的说：“我说算破天啊！你不是说常有小八路在此站岗吗？咋不见人影呢？”

被称为算破天的说：“看看，我要是没有百分之百的把握，上司还会叫咱俩来探听消息吗？”

戴金丝眼镜的东张西望，突然觉得脖子不对劲儿，一仰头，一条绳正套住他的脖子。在树上的焦裕禄两人一齐用力，那家伙手仰脚蹬，怪叫着被悬在半空。算破天见状，不知所措，掉头就窜，焦裕禄下树追赶。

算破天一直向茂密的树丛跑去，左拐右绕想把焦裕禄甩掉，焦裕禄凭着熟悉的地形翻坡跳坎，紧追不舍。一会儿，焦裕禄抄近路截住了他。

算破天那臃肿的脸上，三角眼呈现出的凶残，格外分明。他阴险毒辣地说：“你想咋着？”

焦裕禄毫不在乎他那张牙舞爪的模样，一梭镖刺去，算破天躲闪不及，一头撞在松树上。看到明晃晃的梭镖，算破天顾不得擦去糊在眼角上的黏液，慌忙从口袋里掏出几块银元递了过去，乞求着说：“请放我条生路吧？”

“放条生路？”焦裕禄咬牙切齿地质问，“有汉奸老财们的生路，就没有我们穷人的生路！你们在作威作福时，给穷人放过什么生路？你们在出卖老百姓时，给谁放过生路？”说完，他怒不可遏地抬起脚，踢飞了算破天手里的银元，说：“谁要你的臭钱！”接着，他猛地扑了过去和算破天扭打起来。

一阵脚步声由远而近传来，村里站岗放哨的伙伴们蜂拥而上，捆住了算破天。

本章结语

抗日战争时期，面对日军、汉奸、地主、土匪等的压迫和欺辱，老百姓的生活苦不堪言。在这种情况下，焦裕禄不顾个人安危，为抗日根据地送情报，并受组织委托站岗放哨，勇敢作战，擒获打探消息的汉奸，展示了他的机智勇敢和大无畏精神。

人生的道路在于选择，面对残忍的日军和凶恶的土匪，焦裕禄选择了跟随共产党，要让人民过上幸福的日子。但人生也充满了偶然性。偶然性在于游击队长机缘巧合救了焦裕禄并使其跟党有了联系。但偶然中有必然，必然在于以解放劳苦大众为目标的共产党，必将指引无数个焦裕禄这样的有志青年加入这个队伍中来，为人民流血牺牲而不悔！

第九章

惩奸除寇

咱们跟黄老三这样的顽匪斗争，就得学会多动脑子。

——焦裕禄

阅读提示

凶残的日本鬼子在中国的土地上作福作威，对老百姓烧杀抢掠，更有日伪军和汉奸助纣为虐。本章描述了参加游击队抗击日寇的焦裕禄被鬼子押到狱中受尽折磨，他的心中燃起了对日本侵略者的刻骨仇恨，并付诸反抗。

1942年，盛夏的一天上午，太阳像个大火盆，烤得地面滚烫，但群众对日军扫荡的警惕一点也没有放松，焦裕禄所在的游击小分队守护村庄的细心程度一点也没有降低，群众抗击日寇的决心一刻也没有减退。

村里的铁铃忽然响了起来，焦裕禄一听就知道村里出事了，接着就听见有人在喊：“鬼子来了！快跑啊！”

立刻，村子里响起鸡飞狗跳的声音。焦裕禄刚跨出门坎，村里的保长领着两个日本人向他走来，保长一示意，一个塌鼻梁的矮个子鬼子便向他冲来。

保长恶狠狠地说：“终于让我抓到你了。实话给你说吧，自从你爹上吊以后，我就发现你不安分，和我们作对，天天想闹革命。只有把你抓走，村子里才会安宁。”

焦裕禄怒目圆睁，捋上袖子，甩开膀子，做搏斗状。

鬼子见焦裕禄毫不畏惧，不敢向前，但是一摸手中的钢枪，这才胆壮起来，饿狼一样嚎叫着向焦裕禄扑去，焦裕禄一闪身鬼子险些栽倒，但终因寡不敌众，焦裕禄被鬼子架着胳膊拖出了家门。

焦裕禄的爷爷焦念礼和母亲李星英见焦裕禄被抓走，随即撵了出去，焦念礼已是白发苍苍，行动不便了，他拄着拐棍，气喘吁吁地追到山坡，看见鬼子已用绳子把焦裕禄和其他人拴在一起。

焦念礼上前哀求："日本军官，放走他吧，俺家离不开他呀！"

那鬼子二话没说，抬脚就踢，可怜的焦念礼猝不及防从山坡上滚了下来。面部碰得鼻青脸肿，摔掉了几颗牙齿，背上还划了一道伤口，鲜血直流……

这会儿，李星英也追赶过来，看到被毒打的儿子要被鬼子带走，她全然不顾明晃晃的刺刀，拉住焦裕禄不让他走。鬼子叫骂道："你的抢人的干活，枪毙的有！"便用沾满了泥的靴子照着李星英使劲踢下去，可李星英仍是一个劲地"日本军官、日本军官"地哀求着。

焦裕禄噙着眼泪，说："娘，别管我了，救俺爷爷要紧！"

李星英被几个鬼子恶狠狠地拉住了，可李星英还是不甘心，伸出双手哀求着，从破包中取出菜饼往儿子腰里塞。那鬼子抢过布包使劲扔到地上，说："这种像树叶一样的东西能吃吗？"饼子撒了一地。李星英趴在地上，捡着那些被摔碎的菜饼，两眼流出的泪珠吧嗒吧嗒地落在饼子上面。

最后，焦裕禄被押到博山县城一个狭窄的牢房里。炎热的三伏天，太阳炙烤着大地，人们就像置身于火炉中，异常炎热。肮脏的监牢，充斥着难闻的气味；破得散了棉花的被子里，不时有老鼠乱钻。抓来的人一天只能吃一个干馍，还不给水喝。焦裕禄渴得眼冒金星，对着看管的鬼子说："我们要喝水！"

鬼子听了，走了过来，给了他一个耳光。嫉恶如仇的焦裕禄抬手要反抗，一个狱友拉住了他，说：“小弟，住手。”

鬼子走了以后，这个人劝说道：“他们有枪有人，咱们不能硬拼，往枪口上撞。”

焦裕禄气愤地说：“可恨那些官府保长，就只会欺压老百姓，不去打鬼子！”

就这样，焦裕禄在狱中熬了几个月后，于1942年冬天被鬼子拉到了抚顺的大山坑煤矿。

阅读提示

焦裕禄被日寇押到辽宁抚顺大山坑煤矿挖煤，受尽非人的虐待。焦裕禄在这里无私救助、团结工友，与监工们斗智斗勇，成功使一位监工调离，将一位恶霸监工秘密“处决”，为工友们报仇雪恨。

辽阔的苍穹，布满阴霾。焦裕禄遥望着远方，心里无限悲哀，他在想爷爷是否还好，是否已安全回家，母亲还在盼着自己回家吧……他不禁长叹一声：“娘啊，你怎知道儿子又开始了非人的炼狱生活啊！”

大山坑煤矿位于抚顺一个偏僻的地方，与外界几乎处于隔离状态。焦裕禄来到这里的当天，就被逼进煤窑当劳工。他扛着煤锨，带着矿灯刚到窑口，横眉立目的监工头手持鞭子，厉声催促。

焦裕禄给日本人采煤，每天一干就是16个小时，在井下除了矿灯发出微弱的光亮外，周围几乎都是黑洞洞的，什么也看不清，只能听见劳工们的长吁短叹和采煤声。出了煤矿，他们便被关在狭窄的工棚里。在繁重的采煤劳作、恶劣

焦裕禄下井的大山坑的位置。（历史背景图）

1942年，焦裕禄被日寇押到东北抚顺大山坑煤矿做苦工。（油画）

的食宿条件下，劳工们时常生病，在大山坑挖煤如人间地狱，与其叫大山坑，不如说是名副其实的埋人坑。

和焦裕禄一起被抓来的本村的焦念重在鬼子的折磨下得了胃病，发作起来，疼得坐卧滚爬，豆大的汗珠顺着面无血色的脸颊往下落，工头阎王巴怒骂："你这个没用的家伙，干不动活，不如趁早一死了之！"

焦裕禄在阴冷的矿井下，忍饥挨饿，终日不停地挖煤，稍有怠慢，就遭工头的毒打，备受折磨和摧残。（油画）

焦裕禄看他这个样子，心里十分难受，就联合、发动劳工们抗议。阎王巴才勉强同意让他休息几天，但是不采煤就没有饭吃，可怜的焦念重为病所疼，为饿所困，已经瘦得皮包骨头。焦裕禄对工友说："这样不是长久之计，我们得想个办法，让养病的工友有饭吃！"

劳工们都怕鬼子的凶狠毒辣，担心提议无济于事反遭毒打，个个面面相觑，一言不发。

焦裕禄走到焦念重跟前，把自己的馍递了过去，说：“你重病在身，吃吧。”

焦念重摇摇头，说：“禄子，还是你吃吧，你还干着重活呢！”

焦裕禄说：“我吃饱了，这是专门留给你的。”

犟不过焦裕禄，焦念重接过馍吃了。就这样，他一连几天吃焦裕禄省下来的馍，渐渐有了精神。突然有一天，不论焦裕禄怎样说他就是不吃，最后焦念重含着泪说：“禄子，听说你在采煤时饿昏过去了，还挨了鬼子十几鞭子，我不能再吃你的救命粮啊！”

焦裕禄耐心地劝他：“不要说这些话了，咱们在一起要互相照顾，共渡难关。你有病就够痛苦了，再不吃饭不是坐着等死吗？”

焦念重哽咽着说：“禄子，你不要管我了！”

“不，这个馍无论如何你也要吃下去，我这就跟他们评理去，只要他们还有一丝人性，就不会看着你活活饿死。”

焦裕禄说罢，来到领馍处，阎王巴见焦裕禄又来了，厉声喝问：“你来干嘛？”

“领馍！”

“你不是领过一次了吗？怎么又来领？”阎王巴眼一眯，挺着眉毛，恶狠狠地问。

“为什么不给病人吃？总不能叫他活活饿死吧！”

“你想要馍也行，不过先要答应我的条件。”他冷笑着说：“我用一条绳子套在你的脖子上，你用两手趴在地上，学狗爬学狗叫，我就扔给你一只馍。”

焦裕禄心想：阎王巴在鬼子面前点头哈腰，实在是鬼子的一条走狗。于是说："谁是狗谁心中明白，狗还能看家，有一些人还不如狗，连家都不看，而是做一条奴颜媚骨的走狗！"

阎王巴当然听出了弦外之音，还是装着糊涂地问："你说的是什么意思？"

"你是走狗！"焦裕禄说。

"既然我是走狗，那我是谁的走狗？"阎王巴拉着脸，毫无廉耻地问。

"你是鬼子的走狗！"焦裕禄说。

"你狼筋长到了狗腿上，连日本军官也沾上了，这回我叫你吃不了兜着走！"阎王巴气急败坏地说："你说我是走狗，我就是走狗，你等着瞧吧，我现在就去报告日本军官！"

不一会儿，阎王巴便破棚而入，踢打着劳工，对焦裕禄说："本来已到下井的时间，不过今天不让你们干活了，日本军官有话要训。"

这时候，又来了几个人拳打脚踢，劳工们被一阵子的乱脚踢醒后，迷惑不解地问："又要训啥话？"

"你个龟孙子，让你听训话你就听，哪来这么多废话！"说着，其中一个狗腿子甩给那人一个耳光。

紧接着，阎王巴二话没说拉住焦裕禄，就把他捆了起来，吊在了外面的横木上。旁边站着一个大腹便便、肥头大耳的鬼子，怒视着劳工们说："你们这帮穷鬼，在家跟着八路瞎起哄，现在带到这里，就是给你们一个脱胎换骨、悔过自新的机会。"他又一指焦裕禄说："可他却侮辱日本军官，今天就给他点颜色看看！"

一个汉奸走了过来，抖了抖肩，举起皮鞭照着焦裕禄的身上，噼里啪啦地抽了起来。

焦裕禄顿时被打得遍体鳞伤，鲜血直流……

一个鬼子说："与其杀了他不如留住他，叫他再做几年牛马，多出几吨煤，也算是报效日本军官了。"然后他面向众劳工说："你们要引以为戒，根除捣蛋的念头！"

焦裕禄被放下来的时候已经不省人事了。焦念重泣不成声地说："禄子，你都是为了我才挨的打啊！呜呜呜……"

此事过后，有个浓眉大眼的工友找他谈了一次话。经过这次谈话，焦裕禄才知道这里有个抗日组织，他因为救助工友的事情，受到了大伙的一致好评，也得到了抗日组织的表扬。从此，找到组织的焦裕禄受到极大鼓舞，表现得更加机智、勇敢了。

有一次，焦裕禄在井下填沙子时，听到不远处发出丝丝响声，走近一看，原来是一个压风管的气阀松了，一直在往外漏气。

压风管是给采煤时送压风用的，要是没有风管风钻就动不了，也就不能采煤了。

这时，他看看四周无人，便把气阀打开了，索性把风都放跑，一时间，只听压风管的风呼呼地响。

不一会儿，监工头阎王巴发现不产煤了，便提着灯来检查，他发现气阀开了，便问旁边干活的焦裕禄："风呼呼地跑，你没有听见？"

"没有听见。"

阎王巴一听火了，挥掌向焦裕禄打来，焦裕禄早料到他要动手，一弯腰躲了过去。阎王巴不甘心，又拿根棍追来，焦裕禄故意往水边退让，阎王巴举棍打来，焦裕禄急忙躲闪，阎王巴因用力过猛打空了，扑通一声栽倒在水沟里，满脸都是黑泥浆。阎王巴摸爬着起来，冲着焦裕禄说："你等着，我发誓让你出不了这个煤窑。"

为了给阎王巴一个教训，焦裕禄号召矿工说："咱们在井下成年累月地采煤，这样下去，早晚得累死在井下。"

"唉，没有办法呀！"劳工们无奈地说。

"我倒有一个磨洋工的法子。"焦裕禄就把自己的想法告诉了大家："不过，我们一定要见机行事！"

一天，劳工采煤足有16个钟头了，可阎王巴还不让歇会儿。焦裕禄趁他不注意，到机房，悄悄地把一块坚硬的石头放在正转动的机器里。

阎王巴听到机器的怪叫声，说："停住机器，快停住！"劳工们只管干活，置之不理。他跑到机器前时，机器已经不运转了，他双手一摊，说："机器坏了！"接着又转脸骂矿工："你们为什么不管机器？"

劳工们都说正在干活没注意。就这样，焦裕禄带头磨洋工，破坏设备，跑空车，出煤少，弄得阎王巴在日本鬼子面前不断挨骂。

为了挽回面子，讨得鬼子的欢心，他跟班挖煤，吃喝都在井下。一向好逸恶劳的阎王巴哪里经得起如此长时间的重体力劳动。不到三天，他便打不起精神了。

有一天，他一屁股坐在地上，背靠一根木柱子睡着了，焦裕禄就轻轻地走到他身边，抽掉了一块顶着煤层的木楔子，炮声一响，巨大的爆破声将煤震落，正压在阎王巴的身上，只露出一个黑脑袋。

“快来人，救救我！”阎王巴哀嚎。

劳工们一个劲儿干活，佯装没听见。

“师傅们，求求你们！救救我吧！”

于是焦裕禄就走上前去，一镐子下去，正铲在阎王巴的腿上，疼得他哇哇大叫。

焦裕禄说：“不铲土怎么救你啊？”

“我是说轻一点……嘿嘿……轻一点，哎哟……快压死我了！”阎王巴被拉出来时，已经半死，躺在煤堆上昏迷了半天才苏醒过来。

阎王巴回去后，一再申请，横竖不在焦裕禄那个工作面监工了。于是，又换了个鬼子兵监工。

这个鬼子兵，脸瘦长，腮帮上长满了黑毛，活像毛驴的头，人称“驴头鬼子兵”。他还颇有驴的脾气，动不动就爱尥蹶子。

他挎着东洋大刀，威风十足，劳工们偶尔抬手擦汗，他还要甩上一耳光；哪个人一打盹，他的驴脾气马上发作，尥着蹶子去踢人。他还隔三差四地搞“努力出煤日”。每到这一天，劳工们根本没喘息空儿。日本军官见他监工卖劲，心满意足，奖给他一条毛巾，二两酒，这些微薄之利助长了他的凶残。劳工们个个恨得咬牙切齿，驴头鬼子却得意洋洋。

一天，这个鬼子兵坐在空车皮里睡着了，由于喝了点酒睡得很沉，劳工们趁机歇息起来。这时有一个日本头子突然下井检查来了，见了劳工们二话不说，上去就命令往空车皮上装煤。

焦裕禄拾起大锨把煤往车上猛装，睡在车皮里的那个驴脸鬼子被弄得满身是煤，惊叫着出来了。正要发火，但一看见日本军官怒气冲冲地站在他的面前时，也不敢发作。

又有一天，到了鬼子规定的“努力出煤日”，鬼子又增加了车皮。焦裕禄心想：要是把车皮都弄过来，出煤的地方没车皮，车皮多的地方又用不了，这样，煤反而出不多了，要是上面见了责怪起来，就说是驴脸鬼子叫这样干的。

于是，焦裕禄就把车皮都弄过来，挤满了巷道，驴脸鬼子一看，满意地笑了，以为这回能多装几车皮，更能获得奖励，他一个劲地夸奖焦裕禄：“你的，大大的能干！”

一会儿，来了个日本军官找车皮，一看车皮全在这儿闲着，又见驴脸鬼子正咧着嘴笑，跳过去就扇他耳光。驴脸鬼子一头雾水，赶紧点头哈腰地叫着。

日本军官走后，这个驴脸鬼子恼羞成怒，打打这个，又骂骂那个，甩酸了胳膊，喊干了嗓门，然后就躺在采煤的石道上，闭目养神了。

正在这时，气愤的焦裕禄一个箭步跃上前去，一下子卡住了驴脸鬼子的脖子。由于鬼子兵终日饱食，养得膘肥体壮，一侧身使劲一甩，就把焦裕禄甩在了一边。不等鬼子兵拿起东洋刀，另一个劳工猛扑过来，举起镐子就是一家伙，只听“咔喳”一声，打在了顶柱上，虽然没打中，却把驴脸鬼子吓得掉头就跑。

焦裕禄紧追不舍，一铁锨铲在驴脸鬼子的脚脖子上，驴脸鬼子一个踉跄栽倒在地，矿工们蜂拥而上，焦裕禄骑在了他的身上厉声喝斥：“你成天欺压我们，今天叫你见阎王！”

驴脸鬼子见大势已去，挤出混浊的泪水，哀求着劳工们放过自己。

矿工们也异口同声地说：“甭理他，打死他！”

于是这个一镐子，那个一铁锨打了起来，一会儿工夫驴脸鬼子被焦裕禄等人打死在井下。焦裕禄又端来了一锨煤，糊在驴脸鬼子头上。这家伙在彻底断气之际，才明白阎王巴一直申请换班监工的原因。

鬼子兵的失踪惊动了日本军警，他们出动了大批警力查找下落。矿工们个个守口如瓶，闭口不提。日本军警明察暗访，也是杳无音信。最终，此事便不了了之了。

本章结语

日本侵略者在中华大地上犯下了滔天罪行，无数中国人离开家园，失去了生命，更有无数的中国人在苦难中站了起来，与侵略者展开了英勇的斗争。在离家千里之遥的抚顺大山坑煤矿里，关押着焦裕禄和他的工友们。这是一个吃人的魔窟，焦裕禄和工友们忍受超负荷的挖煤任务和各种酷刑，无数的工友失去了生命。受折磨的工友们团结起来，反抗侵略者的压迫。时间和现实使人们终于明白：唯有团结起来，把对侵略者的仇恨化为反抗侵略的行动，奋起反抗，才是最终的出路。

第十章

逃离魔窟

当一个不坚强的战士，当一个忘了群众利益的共产党员，多么危险，多么可耻！先烈们为解放兰考这块地方，能付出鲜血和生命，难道我们就不能建设好这块地方？难道我们能在自然灾害面前当怕死鬼，当逃兵？

——焦裕禄

阅读提示

在旧中国，无论何时，无论逃至何地，最底层的穷苦百姓都摆脱不了受压迫的命运。焦裕禄从抚顺回到家乡，却因保长和财主的算计而逃难至江苏，遭受当地地主的剥削和压迫，最终决定参加共产党的抗日武装。

1944年，日本鬼子继续盘踞在中国，并扩大了侵略战争。为了维持军费开支，他们愈加疯狂地抢占我国的矿山和油田，掠夺我国的煤炭、石油等矿产资源。他们还在各地强征劳工，逼迫这些人下井采矿，矿工们过着暗无天日、凄惨悲凉的生活。

那个年代，煤层黑，没有鬼子把头的心肠黑；黄连苦，没有矿工们的生活苦。

受尽地狱般的折磨，矿工们被榨干了血汗，累断了筋骨。日本侵略者掠走的是一车车沾满矿工鲜血的煤炭，留下的是同胞成堆的尸骨，富饶的煤矿成了一座座人间地狱！

这一篇篇血泪斑斑的历史，一次次的悲惨遭遇，激起了焦裕禄更加仇恨日本帝国主义。

那个时候，鬼子只想多出煤，根本不管矿工们的死活，井下经常出事故，不是塌顶，就是瓦斯爆炸、透水、失火。这些事故，夺走了无数矿工的生命。

一次，焦裕禄和工友们在井下挖煤的时候，突然一阵冷风迎面扑来，吹得他们直打寒颤，接着就听到煤层脱落的声音，突然，哗的一声一股黑水喷射出来。

"透水啦——透水啦——"许多矿工喊着，急忙往外冲。

附近的几个掌子面的矿工马上扔下工具，纷纷往井口跑。这时，日本鬼子知道了，他们担心这股水淹没其他的掌子面，影响全矿出煤。于是，便把通向透水的这个掌子面的洞门全部关闭，不让矿工出来。

面对着日寇的暴行，焦裕禄满腔怒火，矿工们用大锤砸洞门，还有些人寻找通向井口的其他出路，但是井下的黑水越来越多，眼看就要齐腰深了，洞门砸不开，根本无路可走。

就在工友们焦急万分的时候，焦裕禄召集人往高处站，他对大伙说："灭绝人性的日寇把我们一百多人困在井下，要把我们淹死、饿死，我们就这样等死吗？兄弟们，我们一定要想办法出去！"

工友们手拉着手蹚着水，跟着焦裕禄走，但是走了不到20米，就走不出去了。

一天过去了，两天过去了，透水一点也没退去，在那阴暗潮湿的井下，矿工们又饿又冷，有的体格虚弱倒下去了，还有的饿得昏了过去。

又过了几天，水终于退下去了，在焦裕禄他们100多个矿工中间，只找到12个有气的，拉上井后，只活了4个，焦裕禄就是其中的幸存者。

焦裕禄又为日本鬼子挖了几个月的煤，再也忍受不了日寇的暴行了，他决定逃出这个杀人不见血的魔窟。

矿区里有位老矿工，是某抗日组织的负责人，他积极为焦裕禄的潜逃出谋划策，对焦裕禄说："裕禄，你也清楚，咱们这些矿工们的住处，前后左右共围了三层铁丝网，在必经之处，都设置了关卡，鬼子日夜站岗放哨，百倍防范，平常就连咱上下班还要押着，你可要千万小心呀！”

焦裕禄望着这位两鬓斑白的老矿工，感激地点点头。

老矿工仔细揣摩了一阵，嘱咐焦裕禄：“就是逃出了铁丝网区，过普通区时也得注意！”

这天夜里，焦裕禄悄悄地从矿区逃到了门口处，出来后，老矿工递给他一把钳子，紧紧握住他的双手道别：“裕禄，咱今晚一别，不知何时才能相见，你带领矿工教训阎王巴、井下除日寇，真是好样的！”

焦裕禄激动得热泪盈眶：“这多亏了大家团结齐心。”

老矿工说：“你千万小心，一路上多加保重！”

焦裕禄泪眼凝视着老矿工，恋恋不舍地说：“老师傅，你以后也得注意安全。”老矿工擦擦泪水，挥了挥手。

夜晚伸手不见五指，焦裕禄趁着夜色，蹑手蹑脚地翻过了一堵墙，来到铁丝网跟前，从树丛中一堆茅草下一个坑，钻进草丛，溜到坑里，悄悄地钻出了第一道铁丝网。接着他又偷偷地爬到第二道铁丝网，刚掏出钳子正要剪时，鬼子的探照灯发出一道刺眼的光柱，照到他的身上。顿时，碉堡口的机枪哒哒哒地喷出猛烈的火舌，子弹呼啸着从他的身边飞过。焦裕禄沉着地趴在杂草丛中的壕沟内，仔细地辨认着方向。

一会儿，他又爬到第三道铁丝网前，忽然，他被一根铁丝扎进脊背里，鲜血顺着脊梁骨流。他咬紧牙关，忍着剧痛掏出钳子去剪铁丝。可是，怎么也剪不断，又仔细摸了摸，原来这道铁丝绕了双层，他急忙爬向别处才剪断了铁丝。

焦裕禄终于逃出敌人的看守区，身后的枪声渐渐稀了。这时，天已破晓，周围的树木也越来越清晰了。他绕小道来到了车站，偷偷地爬上了发往家乡方向的火车……

焦裕禄经过几个昼夜的路程，忍饥挨饿，回到家乡时已是深夜。他抬手敲了一下门，轻轻地喊道："娘，我回来了！"

阅读提示

焦裕禄不堪忍受日寇的种种暴行，终于在工友的帮助下逃离了大山坑煤矿，回到了家乡。在这个过程中，焦裕禄表现出勇敢、坚强、大无畏的坚强意志和反抗精神。

李星英一听，声音是多么熟悉，一定是自己的儿子。她忙点灯起床，开门一看，果然是自己的儿子回来了。她眼含泪水，悲喜交加，说："禄子，看你瘦得皮包骨头，要不是你叫我娘，我几乎认不出来了。"

焦裕禄看着身体单薄的母亲满腹心酸，向她讲述自己两年来的遭遇，听到儿子受到非人的折磨，李星英忍不住抽噎起来。

焦裕禄强忍悲痛，安慰着母亲说："娘，不管我在外面怎样，总算平安回来，咱娘俩总算是见面了，你该高兴才是啊！"

"嗯，嗯，娘不哭了。"母亲边说边擦干眼泪。

第二天，焦念礼见到外出两年的孙子都快认不出了，还以为是来了客人，直到焦裕禄叫爷爷，焦念礼才认出自己的亲孙子。

如果说亲人的团聚是一种幸福，那么继之而来的祸不单行，则是幸中的不幸。回家不久，焦裕禄就害起了病，发作起来时冷时热，昏迷不醒。一来二去，焦家失去了一个劳力，又添了一个人吃饭，日子过得更加苦不堪言。

再说本村的保长听说焦裕禄从抚顺居然回来了，找到财主说："这个穷鬼，咋活着回来了呀？他这一回来，眼看着酒肉豆腐汤，我愁得吃不下。想当年，咱逼得他爹上了吊，又施了计，让日本人抓走了他，他岂能和咱善罢甘休？你说咋办啊？"

"咱是村里的掌权者，随便出个点子，就够他穷小子招架了。"财主说。

"现在不同往年啦，穷小子们觉悟了。"保长说。

焦裕禄亲眼目睹同胞们一个个被折磨至死，他与工友们团结起来与日寇进行巧妙、勇敢的抗争。1943年秋，焦裕禄终于逃出虎口。（油画）

“咱平日养活那么多狗，是为的啥，叫他白吃咱们的食么？”财主说。

就在这一年的秋季，农作物几乎颗粒无收。焦家本来手头拮据，又遇上灾荒年月，便陷入走投无路的困境。

一天清晨，保长和财主径直走进焦家，说：“焦念礼，根据县政府的通知，一家需出一个劳力修筑城墙，本来要派你去的，既然焦裕禄已经回来，让他明天过来报到。”

保长一行人走了之后，焦家人被折腾得提心吊胆。当天夜晚，母亲把仅存的一把面搀糠配菜，蒸了几个窝窝头让儿子带着，就送焦裕禄出门了。

“娘，我走了，你不要担心，我会照顾好自己的。”焦裕禄说。

此刻，母亲望着即将远行的儿子，泣不成声，只点了点头。就这样，母子刚团聚就又挥泪告别了。

从焦裕禄家回来后，财主对保长连声称赞：“你就是高明。”

“我要不是计谋多，这20多年的保长，能坐得这么稳吗？”保长说罢，端起半碗酒一饮而尽。

财主眉飞色舞地说：“咱村还有几个刺儿头，好和我顶撞，你还得想办法，给我去掉这块心病！”

焦裕禄离家后，不知道自己该往哪里去，他就一路沿街乞讨，居无定所，走到哪儿住到哪儿，最后来到江苏省宿迁县城东二里第二区园上村胡泰荣家里，做了长工，算是暂时有个吃饭的地方。

胡泰荣见焦裕禄是外地人，就让他干脏、苦、重的活儿，并说：“你家里的人成年累月食不果腹，你在这个地方总不能大吃大喝，叫你现在省吃俭用，是为了多领些工钱，到时候带给你家里的人。”

有一次，焦裕禄在干活时手受伤了，时值夏季，伤口感染，化了脓，胡泰荣见他不能干重活了，便对焦裕禄说：“哪里也没有白养人的地方，不用说开工钱了，你趁早回家吧！”

有一个长工为焦裕禄打抱不平：“谁都知道，我们穷人吃饭凭的是力气。可他毕竟以前给你出过大力，现在不能干重活了，叫他去看瓜吧！”

胡泰荣却说：“我乐善好施，通情达理，叫他看瓜也可以，可看瓜横竖不出力，工钱就免了吧。”

焦裕禄便去给财主看瓜了。这年风调雨顺，庄稼叶旺粒满，丰收在望，可焦裕禄累死累活，得到的却是缺衣少食的生活。

一天晚上，星儿闪闪，微风习习，焦裕禄两眼发涩，困意缠身，便到大河里游了一圈，然后躺在了瓜棚外面。

夏虫啾鸣，忽听哗啦哗啦的响动声，他急忙站了起来，夜色中只见一个高大的身影在瓜地里走动，焦裕禄大喝一声说：“谁？干什么的？”

那人也不答话，背起瓜袋就跑，焦裕禄紧追不舍，眼看就要抓住的时候，那人扔下瓜袋，一个转身就与他扭打起来。

焦裕禄求胜心切，一脚踢去，那人趁势闪身，焦裕禄一个踉跄，竟被那人拦腰抱住。

两人扭打起来，焦裕禄渐渐招架不住，往后退着，却滑到河里。焦裕禄在水里如鱼得水，转败为胜，在急流的河水里连推那人几下，那人喝了几口水，眼看吃亏才开了腔：“小伙子，我看你也是个穷人吧？”

“你是什么人？”焦裕禄忙问。

“我是游击队侦察员，到这一带探听情况来了，知道这是财主的瓜园，便想摘个瓜解渴。”

“你是哪里人？” 焦裕禄又问。

“我是山东淄博人，咱们的部队已到博山了，与敌人浴血奋战，估计今年秋后就解放了。”游击队侦察员说。

焦裕禄一听，兴奋地说：“太好了！太好了！我也准备回去！”

两个人上岸后又谈了一会儿话，那人起身告辞了。因为听说八路军已经开到博山，焦裕禄想回家参加抗日斗争，又能在兵荒马乱时照顾母亲，便踏上了回家的路。

本章结语

青少年时期的焦裕禄从山东到辽宁再到江苏，从牢狱受虐到大山坑煤矿魔窟再到打长工，辗转几个地方，却都逃脱不了受压迫和受欺凌的命运，日寇、地主老财、保长、汉奸等加深了他的苦难。面对困难，焦裕禄从不退缩；面对弱者，焦裕禄施以援助；面对压迫，焦裕禄勇于反抗；面对敌人，焦裕禄机智周旋。焦裕禄一步一步从一个稚嫩的少年成长为一个勇敢坚强的战士，并慢慢向党组织靠拢。

残酷的现实让焦裕禄明白，面对压迫，默默忍受只能让敌人更加变本加厉，唯有反抗才有出路。这是焦裕禄的觉醒，而无数个“焦裕禄”汇聚在一起，就是一个民族的觉醒，必将爆发出令世人震惊的巨大力量。

第十一章

智审奸特

急火烧不烂猪头，急水里下不得船桨。你可是民兵队长啊，我们不但要和土匪斗勇，更要和他们斗智，要讲究斗争策略。

——焦裕禄

阅读提示

焦裕禄的家乡解放了，听到消息的焦裕禄回到家乡。为了保卫胜利果实，焦裕禄怀着坚定的理想信念，加入了民兵组织。

北崮山村原是块山清水秀的地方，自从被鬼子侵略之后，这里民不聊生，满目疮痍。共产党部队来了之后，和鬼子打游击、作斗争，解救了劳苦大众。过去被地主剥削得直不起腰的劳苦大众，如今扬眉吐气，挺起了腰杆。

焦裕禄重返故乡，回到亲人的怀抱。他进门看到母亲，喊:“娘，我回来了！”

李星英见儿子回来了，立刻迎了过来，紧紧拉住焦裕禄的双手，喜不自胜。

“娘，咋不见我爷爷呢？”

“唉，禄子，你走后的那一年，财主要账，土匪抢东西，你爷爷就和他们讲理，可那群匪徒胡搅蛮缠，不久，你爷爷就气病去世了。”

乡亲们听说焦裕禄从外地回来，纷纷过来找他说话。

一位热心的青年人告诉他:“游击队铲除了土匪，咱村建立了民兵组织，方开叔是队长。”

正说着，焦方开走进门来，他笑着问:“在外面咋样？”

“咱穷人出门在外，给剥削阶级出尽了力，流干了汗，整天还有受不完的气。我就像饭店桌上的抹布，酸甜苦辣都尝遍了。那日子天天像在刀尖上过呀！今天，好不容易从地狱里闯了出来！”接着，焦裕禄激动地抬起头说："方开叔，让我加入民兵组织吧，发给我一杆枪打敌人吧！"

"欢迎参加民兵呀！"焦方开高兴地说，"咱村没解放时，你就智过岗哨，巧送情报，又听说你在抚顺煤窑时，带领劳工惩奸除寇，做了很多工作。"

就这样，焦裕禄这个苦里生、苦里长的有志青年农民，经过严峻的考验，怀着对敌人刻骨的仇恨参加了民兵组织。

那时，北崮山村是解放区，南崮山村是敌占区，敌人常从南崮山过来，妄图围剿民兵组织。

民兵们在山区神出鬼没，善于打游击，弄得敌人无计可施，又无可奈何。但是匪徒不甘心失败，依旧蠢蠢欲动，两地交火十分频繁。

北崮山村群众叫苦不迭，直到八路军到来，土匪、汉奸这帮乌合之众才逃回敌占区。到敌占区之后，他们又与国民党狼狈为奸，煽风点火，挑拨离间，致使南崮山和北崮山的群众关系紧张。因此，这一带不仅武装斗争激烈，而且群众关系也很复杂。

敌人只顾挖空心思残害百姓，百姓无法正常生产。因此，寅吃卯粮，南崮山区一带眼看要坐吃山空，便到处张贴高价收粮的告示。

1945年8月下旬的一天，焦裕禄刚从博山办事回来，穿过林子，越过山岭，热得汗流夹背，眼睛被汗水渍得生疼。临近自家的门口时，嘴干得冒烟，没顾得上喝口水直接到了村里，又接到新任务：最近北崮山区有人常去敌占区卖粮，让他到本村的交通要道把守哨卡。

一天拂晓，浓雾缭绕，已是三个月没进家门的焦裕禄沿着蜿蜒的山路又向关卡走去。

碧空如洗，晨曦微露，他挎着枪来回走动，两眼注视着四周，见无动静，便坐在石头上歇一下。

这时，他婶子悄悄走到跟前，说："禄子，我带点粮食，想去南崮山换俩钱。"

焦裕禄说："那里的敌人挖空心思想买粮，我们要严格控制向敌占区卖粮，你到解放区不照样能换成钱吗？"

婶子低声说："禄子，现在又没外人，我给你实话说了吧，南崮山的价格高，我还不是想多卖些钱！"

"婶子，你去那卖粮食，等于支援敌人打咱呀！"

婶子怒气冲冲地说："你在这儿站岗值班，别说沾你的光了，反倒受你的连累呢。我就带这么一点儿粮食，要是换成其他人也会让我过去。"

"婶子，你别生气，"焦裕禄开导她说，"你带的粮食虽说不多，咱村里人要是都像你这样，卖的不就多了吗？"

婶子见他讲得合情合理，就带着粮食回解放区卖了。

随着局势的变化和工作的需要，焦裕禄的任务越来越艰巨了。他除了放哨、生产以外，还利用业余时间学习毛主席著作。别人问他："裕禄，这么厚的书，你认得完吗？"

"当然认不完，不过我有个哑巴老师。"焦裕禄说。

别人惊奇地问："哑巴不会说话，怎么还能教你呢？"

他拍了拍袋子里的字典，说："看，就是这个。"

大家被他的幽默逗乐了。

一天，焦方开找到他，说："裕禄，根据你平时的表现，上级决定让你当民兵班长兼文书，你识文断字，写个通知打个报告，最适合你干。不过，可能要多占用你的时间，你有意见吗？”

“只要是革命工作，就应该干，还得干好！虽多占些时间，我抓紧点就能补过来了。”焦裕禄诚恳地说。

国民党匪军虎视眈眈，总想闯进解放区抢米抢粮。

一天清晨，薄雾笼罩着敌占区的哨卡岗楼，横空架设的铁丝网，依稀闪着水珠，蠢蠢欲动的敌人，像怪物一样摆开阵势，狗叫声划破清晨的寂静，紧接着传来敌军官的责骂声。听声音，他们离北崮山村越来越近了。

焦裕禄观察到这一情况后，便带领20多个民兵，分成两路，埋伏等待。

过了一会儿，一小股匪军缓缓走来，领头的是一名矮个子军官，头戴一顶巴拿马凉帽，鼻梁上架着一副黑色的圆片眼镜，身穿黄色军服，手里玩弄着一根文明棍，神气十足。

原来，南崮山敌占区有一伙敌人，拉帮结派，闹得不可开交。结果匪帮头子怪罪下来，不让他们天天待在老巢无所事事。于是，他们便带着手下的喽啰跑到北崮山村抢粮来了，正好和北崮山村的民兵队遭遇了。

焦裕禄带领民兵，从村东头先发起进攻，村西头的民兵从背后夹击敌人。敌人腹背受击，顿时乱了阵脚，结果被打得措手不及，落荒而逃，还被民兵活捉了几个。

据俘虏交待，还有一股敌人最近也会来偷袭。形势越来越严峻，为了加强防备，焦裕禄日夜站岗放哨。

果然，傍晚时分有两个人贼头贼脑、东张西望地向北崮山走来，焦裕禄见这两个人形迹可疑，疾步走去，怒目

焦裕禄同志与乡亲们一起在共产党的领导下，学习革命道理，在极其艰苦困难的条件下开展游击战。（油画）

阅读提示

焦裕禄在把守关卡时，自己的婶子贪图小利，向敌占区卖粮，焦裕禄大公无私，对婶子的做法坚决制止、不徇私情。焦裕禄机智灵活、眼光犀利，在巡守关卡时，发现并抓获了敌人派出的探子，并机智地进行突击审问，提前得知了敌人的阴谋诡计。

而视，大声喝问："干什么的？"

这两个家伙装聋作哑，漫不经心地摇起了拨浪鼓，并扯着嗓门吆喝着："换针换线哟！"对焦裕禄的话装作听不见，继续往前走。

焦裕禄上前一把抓住他的衣襟，说："看你细皮嫩肉的，哪像个卖针线的？”

这个家伙经焦裕禄一问，故作镇定，连忙狡辩说：“这不，我有针有线呀，你不要冤枉我呀！”

“别装蒜了，从实招来！”一个民兵厉声喝道：“要是拒不交代，我可收拾你们了。”

另一个家伙不管怎样问，就是耷拉着脑袋，一声不吭。

那民兵猛地拔出了匕首，说：“再不吭声，我一刀捅了你。”

焦裕禄立即上前制止，说：“咱是民兵，要有政策观念，真相没有弄清楚前不要冒失，以免造成不必要的伤亡。”

那个民兵气呼呼地把匕首收回去了。

焦裕禄把其中一个人带进审讯室，出门走了。过一会儿，他又回来，兴冲冲地走到这个家伙面前，说：“刚才你那个同伙已把情况交待了，你要是再不吭声，我可要严加审讯，用鞭子伺候了。”

那个家伙半信半疑地注视着焦裕禄，说：“我是来跟他做伴的，不知道底细。”

焦裕禄威严地说：“我们的政策是坦白从宽，抗拒从严，立功受奖，不配合者受罚，你要是再不说，我可要用刑了！”

那家伙一听这些话，沮丧得像打了霜似的，垂着个脑袋，颤声说道：“他是张排长，什么情况他都知道，我在他面前，当不了家，一直处在被排挤的份儿上！不过我隐隐约约听说，部队要进行偷袭。”

焦裕禄根据这些情况，又迅速地提审另一个人：“张排长，听说你们纠集众兵要来偷袭我区，还不从实招来！”

那个家伙一听焦裕禄直接叫出了他的姓氏官职，还知道偷袭的事情，估计焦裕禄已经知道了很多情况，只得全部招供了。

原来，这两个探子打算摸清北崮山村一带民兵实力及活动情况，准备偷袭民兵。

1948年博山县城解放时，解放军进入博山县城的情景。（历史背景图）

本章结语

一个成功的革命者，不仅仅是一个热血的人，更是一个有胆有识讲究策略者，焦裕禄就是一个生动的例子。

焦裕禄善于学习。幼年辍学的焦裕禄深知自己的知识水平不够，为更好地适应革命形势，更好地服务于人民解放事业，就利用晚上闲暇时间，如饥似渴地学习，了解革命道理。在其生命的最后一刻，他身边就有《毛泽东选集》。

善于发动群众，汇集群众的智慧，是共产党人攻无不克的制胜法宝。面对严峻的革命和政治形势，普通老百姓容易受一时的利益迷惑，陷入敌人的圈套。但焦裕禄有着高度的责任意识，即使是自家婶子去解放区卖粮，也不循私、不包庇，还动之以情，晓之以理，使其改变想法。

焦裕禄讲究策略。在审讯敌人时，采取分开审问的方法，“诈敌”“诱敌”，最终让敌人招供，显示出焦裕禄机智灵活的一面。

第十二章

用计退敌

光怕有啥用，我们既然被他们捆住了，求饶他们也不会放过我们，只有靠斗争，靠机智和敌人周旋，才有生存的可能。

——焦裕禄

阅读提示

入党对每一个共产党员都是终身铭记的大事。入党宣誓，更是每个党员人生中的庄严仪式。出身贫苦、饱受磨难、作战勇敢的焦裕禄，最终成长为无产阶级先锋队战士，光荣地加入中国共产党，找到了人生正确的指引。

焦裕禄所在的民兵队通过打探敌情，得知敌人准备卷土重来，民兵队负责人意识到情况严重，必须通知区武装部，取得援助。可是，区武装部距此20多里，途经一条大河，派谁去呢?

焦方开在会上说："要去区武装部，中间隔着一条河，眼下任务艰巨，要是从河里游过去，就能缩短距离，争取时间，只有让焦裕禄去了。"

可是，由于焦裕禄近几天日夜奔波，身体不好，同志们都为他担心，焦裕禄意识到这次送情报的重要性，说："同志们，我的身体是小事，完成任务是大事！"

民兵们接过话茬："焦班长，你放心地去吧，如果敌人进犯，我们就以死相拼！"

于是，焦裕禄便立即出发了。可当他刚走出解放区时，就碰上了国民党匪军。这时，护送他的民兵，与敌人巧妙周旋，掩护焦裕禄突破了敌人的防线。利用有利地势，焦裕禄机智地躲闪着敌人的射击，来到了大河边，没顾上脱衣服就跳进河里。

与此同时，一个敌军军官率领匪军包围了北崮山村。

他们杀害百姓，放火烧屋。焦方开迅速组织群众，急忙向安全地带转移。可是，村里还有个怀孕的妇女，村妇救会主任前去接应，没走多远，村妇救会主任就被匪兵抓住了。

敌人把抓住的乡亲们全部绑到了一座山丘前，敌军军官手提大刀，跨着大步走到被五花大绑的妇救会主任面前，恶狠狠地问："快说，粮食藏在哪里啦？"

"村里没有粮食！"妇救会主任斩钉截铁地说。

那军官奸笑一声，一挥手，几个士兵开枪打死了七八个村民，这个军官进一步威胁："再不说，连你一起杀了！"

妇救会主任昂首挺胸，大义凛然地说："我不知道！"那军官凶残地砍掉了她的头，然后挂在树上。几个士兵又凶狠地用铁丝拴在一个孕妇的肚子上，百般折磨后把她推下山丘。随后，敌人在村里烧杀抢掠，然后窜回了据点。

焦裕禄游过了大河，又一口气跑了几里路，到达区武装部后，及时汇报了这个万分紧急的情报。

区武装部研究后，考虑到敌强我弱，决计利用伪队长制伏敌人。

山区的天气，变幻莫测。下午还是阳光明媚、天空蔚蓝，到了夜晚，就浓云密布，狂风把山道上的树刮弯了腰，山村被笼罩在漆黑的夜幕中。不一会儿，黄豆大的雨点叭嗒叭嗒地下了起来。

雨夜，崎岖的山路泥泞难行，焦裕禄的鞋沾满了泥巴，走也走不动。于是，他脱下鞋，光着脚板走起来。

区长关心地问："光着脚能行吗？"

焦裕禄说："不要紧，我从小就习惯了，现在也磨炼出来了！"他摸索着往前走，区长和侦察员小强在后面跟随着他机智地穿过岗哨。半夜时分，才摸到了伪队长家的高墙边。

焦裕禄低声说："我先过去，然后拉上你们！"说罢，他敏捷地爬上一棵树，然后，从腰间掏出一条绳，系在树上，又把另一头抛在墙边，让区长和侦察员分别抓住绳子上去。

此刻，伪队长早已熟睡，院子里很静。

"你知道他住在哪间屋吗？"区长问。

焦裕禄说："这间屋酒气扑鼻，准是客厅，再往里一间应该就是卧室。"

于是，他便走到门口，先轻叩了几下门，屋内传出极不耐烦的声音："谁呀？"

"是我，大队长，你的副官。"焦裕禄说。

"有什么事呀？半夜敲门。"伪队长不耐烦地问。深更半夜又下着大雨，怎能料到会有自己的"对手"闯进他家。

"队长，大事不妙。偷袭一事，已走漏风声，现在有个紧急情报要向你报告！"焦裕禄说。

伪队长一听情况有变，不敢怠慢，急忙披衣下床开门。刚一开门，三人闪身进屋，三把手枪同时抵住了他，他被这个意外吓得面无血色，哆嗦着身子，结巴地问："你们想……干什么？请……讲……讲。"

"我们是共产党领导的八路军，专门找你问问这里最近的动态，你要如实回答。"

伪队长吞吞吐吐地不想讲。

焦裕禄耐心地劝道："日本鬼子被打败了，蒋介石已到穷途末路。你要有自知之明，就向人民立功赎罪，坦白交待，争取宽大处理！”说着，焦裕禄用手中的枪紧紧地抵着伪队长的背部。

伪队长的脸涨成了猪肝色，大颗大颗的汗滴往下落。他说：“有一队人马早已摸清了你们那里的情况，他们制定了偷袭计划，准备进行一次大屠杀。你看这就是他们的‘绝密’偷袭计划。”说着，从枕边的柜子夹层里面里取出这个计划，递给焦裕禄。

焦裕禄命令道：“你交待的这些情况，不许通风报信，若是走漏了风声，我们下次来要你的命！”

伪队长点头如捣蒜，连声称是。

焦裕禄一边和其他领导结合敌人的侵袭计划，研究对策，一边又顶着酷暑，查看前线情况，设置埋伏，准备战斗。

果然，一天午后，在山路上突然发现许多推车挑担的讨饭人。车上堆满破被烂衣、锅碗瓢勺，俨然一副逃荒的穷人模样。焦裕禄仔细地观察，发现了其中的可疑之处：人群中全是些年轻气盛的青年，没有一个妇女儿童。他感觉其中有

焦裕禄当民兵时使用过的步枪（复制品），现存于兰考焦裕禄同志纪念馆。

诈，就忙命令民兵："散开！卧倒！"

话音刚落，这群伪装的敌人就开枪了。焦裕禄指挥战斗，狙击了20多分钟，敌人虽有伤亡，但仗着人多武器精良，仍向民兵们步步逼近。

焦裕禄急中生智，退到一个砖瓦窑厂上，居高临下地痛击敌人。同时大喊："同志们，快撤，我来掩护！"

民兵们退去了。这时，敌人离焦裕禄只有百十米了，更加疯狂地射击起来。焦裕禄机警地从高处跳落，趴在洼处。敌人白放了一阵枪后，到底还是发现了焦裕禄。

焦裕禄手里握着手榴弹，两眼紧盯着逐渐靠近的敌人。突然，他大喝一声："尝尝手榴弹的滋味吧！"

只听"轰"的一声，手榴弹在敌群中炸开了，敌人血肉横飞，剩下的敌人吓得缩头后退了。等硝烟散去，敌人二次反扑的时候，焦裕禄已安全撤离。

到了夜晚，焦裕禄又带领几个民兵，摸到敌人据点附近的大路上，埋下连环雷。然后爬上对面的高处，向敌人放冷枪，引诱敌人往埋有地雷的大道上来。敌人以为游击队袭击来了，果然中计，就气势汹汹地扑过来。

焦裕禄一边组织还击，一边佯装败退。

敌人便向民兵追来，见焦裕禄带民兵后撤，敌方大队长大喊："他们害怕了，快追！"

他们往前冲时，突然几声巨响，连环雷接二连三地爆炸了。焦裕禄布置的地雷阵发挥作用了，不大一会儿，敌人死伤一片。

焦裕禄高喊："冲啊！"民兵们如同神兵天将，将敌人团团地围住。这时，敌人才发觉中计，便调头鼠窜。

焦裕禄同志和民兵一起苦练杀敌本领，用自制的土地雷布地雷阵，把当地的反动残余势力打得落荒而逃。（油画）

敌人逃回后，觉得丢尽了颜面。大队长对手下人说：“我一直学习兵法，善于用兵，可为什么一交手就吃败仗？”

他手下的两名心腹明知他只会纸上谈兵，反而说：“报告长官，这都是因为你的消息不灵通啊！”

“那好，为了得到可靠的消息，我派你俩前去侦查情况。”大队长胸有成竹地说。

这两个家伙耐着性子听完，立即露出缩头缩脑的神色：“俺俩跟随你多年，万一丢了性命，你岂不少了左膀右臂？”

大队长装出一副足智多谋的模样，说：“我指挥了多年，还不了解你俩的神通，派你俩去是相信你们。我派你们去打探最新情况，好来个速战速决呀！”

两个狐疑不决的家伙，张口还要嘟囔些什么，谁知大队长竟一拍桌子，拂袖而起，吼道："休再啰嗦！我跟共产党交手多年，屡战屡败。兵弱时，不用说是以卵击石，准吃苦头；兵强时，又被他们虚张声势，弄得招架不住。所以，这次我意已决，你俩胆敢再胡言乱语，当以军法论处！"

这两个家伙一听，大事不妙，便灰溜溜地退出去了。他们在北崮山村一带转了两天，多方打听，获得了一些民兵队的情况，经过详细观察，确认消息可靠后，便兴高采烈地回到了据点。

两人走到大队长面前，一面擦汗，一面眉飞色舞地说："果然不出您所料，要不是您高瞻远瞩，咱们这回交战又要失利了。"

大队长急不可待地说："讲！讲！快讲！"

"八路军的大队人马就要到啦！北崮山村各家门上都写着'某营、某连、某排、某班'驻守，村头还写着'某团、某营'驻守。另外，我们还见到了提前到达的八路军！"

"我们大约算了一下，仅崮山周围的村内，就有二百多间，至少有两个营的兵力！"

大队长一甩手，自我吹嘘说："咋样？这一回你们服气了吧！本队长不是自吹自擂，我有未卜先知之明，若不是我办事细心，一准又吃大亏。我现在命令你们，马上通知弟兄们，近日不准出击，改攻为守。"

就这样，大队长又在据点停了五六天，还是不见八路军部队。他只好派人再去侦探，方知又上了当。

原来，焦裕禄上次获胜后，估计敌人不会就此罢休，就来个空城计，利用民房，驻扎营地，制造声势，吓唬敌人。他一边唱着空城计，一边加强民兵训练，又派人去请求区委支援。

大队长上当后，恼羞成怒，立刻纠集大批兵马，日夜兼程，向北崮山村进发。

这时，我主力部队已经调了过来，敌方那帮杂牌军，如乌合之众，怎能抵得住英勇善战的八路军，交战不到半天，我方大获全胜，敌人几乎全军覆没。

博山县解放后，崮山周围变成了解放军的游击区，白天匪军经常捣乱，敲诈勒索，晚上就是共产党武工队的天下。

焦裕禄机智灵活，打鬼子时奋勇杀敌，受到了上级领导的器重。

为了更有效地组织武工队，剿灭敌人的有生力量，焦裕禄又发动群众组成了几个小分队，神出鬼没地与敌人周旋，一有机会就狠狠地打击敌人，使敌人心惊胆战、坐卧不安。

有一次，游击队长单独派焦裕禄前往敌占区贴抗战标语。那天傍晚，他换上便衣，腰藏两枚手榴弹，身带标语和传单，来到了敌占区。

到敌占区之后，焦裕禄机警地观察敌人的动态，确定好贴标语的地方，并提前选好后撤的路线。

天渐渐黑了下来，行人寥寥，有几个匪兵在巡逻。焦裕禄等匪兵走过后，迅速地把标语贴在显眼的地方，又来到匪兵的驻地附近，听到高墙里吵吵嚷嚷及猜拳喝酒的声音，他想：这可是个消灭敌人的好机会。他便乘着天黑，把传单散开后，又把腰间的手榴弹拿出来，将引线一拉，用力往里一扔，只听见轰的一声，接着就是一片嚎叫声。

当他安全转移的时候，才听到敌人的枪声乱成一团。焦裕禄心中非常畅快，自言自语："让这些家伙用枪声给我送行吧。"

阅读提示

以上描述了焦裕禄不顾个人安危、历经艰险，成功送出情报；智取伪军队长，获得敌军作战计划；设置埋伏，成功伏击敌人；巧设"空城计"与敌人斗争的几个事例。

焦裕禄出身贫寒，年少时父亲被逼上吊，又被日寇抓到抚顺挖煤，历经千辛万苦，后来从魔窟逃出，流浪逃荒。后来在北崮山加入民兵组织，开展剿匪反霸斗争。在革命斗争中，他表现出了机智勇敢的优秀品质。经过战争的洗礼，通过多次的考验和锻炼，焦裕禄的思想成熟了，认识深刻了，他为中国人民的解放事业勇往直前、英勇斗争的精神更加坚定了。看到焦裕禄的成长进步，北崮山民兵队的焦方开、李景伦等希望他加入共产党。

一天，焦裕禄到根据地送情报回来后，在村口擦枪，焦方开热情地向他招呼："裕禄，你来。"

焦裕禄不知何事，便向焦方开走来，焦方开一脸严肃地问："裕禄，你对共产党有什么认识？"

焦裕禄严肃地说："共产党领导人民打日本，斗地主，闹革命，共产党是人民的大救星，没有党的领导，革命就不能取得胜利，我要听毛主席的话，永远跟党走……”

“那你想不想加入党组织呢？”焦方开说。

“我早想加入啊！”焦裕禄兴奋地说，“我已经写好了入党申请书，写了三次呢！”

“你已经写了三次，为啥都没交呢？”焦方开很疑惑。

焦裕禄说：“我觉得条件还不够，没敢交。”

“怎么这样说呢？”焦方开问。

“我第一次写好入党申请书，正准备递交时，听了一次党课，觉得自己思想觉悟低，还不够一个党员标准。”焦裕禄说。

“那第二次呢？”焦方开说。

“第二次，说来话长，还是一年前我在北崮山站岗放哨时，逮住一名俘虏，让他交待问题，他一声不吭，我当时气得控制不住自己，对他动起粗来了，违反了俘虏政策。”

“那第三次呢？”焦方开问。

“还在我兜里装着呢。”说完焦裕禄掏出入党申请书交给焦方开，说：“请您转交给党组织吧。”

焦方开接过焦裕禄的入党申请书。

经过组织讨论，1946年1月，焦裕禄被批准入党，他多年的愿望终于实现了。

在北崮山村的一间房子里，挂着一面鲜红的党旗。焦裕禄郑重地走到前边，面对党旗，庄严地举起右手。

他郑重宣誓：“我跟定共产党，为解放全中国而冲锋不止，战斗不息，我决心为实现共产主义，造福人类而吃苦在前，享受在后，奋斗一生！”

党旗的光辉映红了焦裕禄的面孔，映红了这个朝气蓬勃的年轻战士。焦裕禄这个受尽苦难的贫苦人家的孩子，终于成为一个无产阶级的先锋战士。

1945年焦裕禄同志在解放博山县城的战斗中，作战勇敢，立功受奖。1946年1月加入中国共产党，同年任博山县武装部地雷教导员。（油画）

本章结语

任何事物都有一个发展变化的过程，一个人也需经历很多磨砺才能逐渐成熟。

智取情报，巧用“空城计”，显示了焦裕禄的智慧。在同敌人做斗争的过程中，焦裕禄不仅机智勇敢，为革命作出了重要贡献。同时，焦裕禄的思想也发生了巨大变化。他光荣入党，对党的性质认识更深刻了。他深知，只有坚持中国共产党的领导，中国革命才能取得胜利。

同样，正因为共产党领导人民打日寇，闹革命，让人们看到中国未来的希望，才有更多的像焦裕禄一样的战士加入到这个队伍中来，并逐渐使这个队伍发展壮大。

第十三章

随军南下

演戏我是第一次，虽说我不会，但这是党交给我的工作，我是个共产党员，只要党需要我，我克服一切困难也要完成。

——焦裕禄

阅读提示

加入共产党后，焦裕禄的信念更加坚定，行为有了正确的方向指引，更加积极地参加革命活动。随后，他响应党的号召，参加了淮河大队，离开家乡和亲人，随军南下，开辟新的解放区，在更广阔的天地与地主恶霸斗争。

1947年，为了配合人民解放军的大反攻，党中央决定，从革命老区抽调一批优秀青年和革命干部，组建一支支援和发展新解放区的工作队，这就是淮河大队。

淮河大队的人员虽来自四面八方，但大多数来自山东，焦裕禄就是山东博山人，当时他是淮河大队一中队的班长。

淮河大队刚成立时，首先学习毛主席著作，开展批评与自我批评。有的同志不识字，有的嫌学习枯燥无味不愿学习。焦裕禄上过小学，有一定的文化基础，时常帮助其他同志读书识字，但有些同志爱面子，不愿意请教别人，也不想开展自我批评。

焦裕禄就说："一个共产党员要以身作则，各方面都要起带头作用。只有积极开展自我批评，才能找出自己的缺点，改进缺点才能进步，从而更好地搞好革命工作。"

同年7月，上级发出命令，焦裕禄所在的淮河大队，要南下开辟新的根据地。

焦裕禄失去父亲，家里无劳力，生活困难，母亲舍不得让他走。但焦裕禄决心响应党的号召随军南下。他耐心地劝说母亲："我们要积极响应党的号召，努力支援前线，打倒国民党反动派。这样，我们才能保护好自己的家园，人民才能安居乐业，如果我们只考虑自家，就失去了国家。”母亲李星英含着眼泪答应了。

秋风萧瑟，大雁南归。李星英望着即将远行的儿子，为儿子缝补旧衣。李星英眼含泪花，说：“禄子，离开了家乡，甭挂念家里，你在前方要听党的话，勇敢杀敌，为人民立功，我在家里你放心吧！”

焦裕禄望着身体单薄的母亲，深情地说：“娘，我一定记住你的话，英勇杀敌，为人民多做贡献。”

1948年，渤海地区的南下工作队。（油画）

就这样，焦裕禄忍痛告别家乡，随军南下。

行军途中，有一个女同志不慎掉进雪坑里，只露出个头，焦裕禄二话没说，急忙跳进坑里，用双手使劲把那个女同志推出雪坑，自己脸上腿上却被树杈子划破了。

长途跋涉，四处奔波，加之伤口感染，焦裕禄发烧了。南下工作队的一个领导就让焦裕禄骑上自己的马。焦裕禄却坚决推辞，说："我是一个普通班长，发点烧没事，怎能骑首长的马！"

焦裕禄领导的那个班，男同志少女同志多，一连数日长途跋涉，女同志走着走着经常掉队。焦裕禄为了带好这一班，在保证行军速度的同时，还得考虑女同志的安全。

行军过程中，焦裕禄经常帮体弱的女同志背包扛行李。到达宿营地，他又不顾自己的疲惫，为大家安排住宿。南下大军来到了黄河沙区，狂风怒吼，天寒地冻，很多同志脚肿手冻。为了鼓舞士气、提高思想觉悟，党组织决定排演歌剧《血泪仇》，焦裕禄主动报了名。在行军中他边走边背台词，经常在别人休息时，他还在演练。

"焦裕禄，你只有小学文化，能演得了这个主角王东才吗？"党组织负责人担心地问。

焦裕禄铿锵有力地回答："王东才的悲惨命运和我的身世相似，我演王东才诉苦诉仇的时候，等于在演我自己，我有信心演好王东才这个角色，请领导放心吧！"

在排练歌剧《血泪仇》时，有很多人不愿参加，说："光行军就够苦够累了，还哼哼唱唱，蹦蹦跳跳，伤神费脑。"

焦裕禄却不这样认为，他说："演戏是为了教育群众，鼓舞战士更好地行军作战。"并帮助大伙认识到演戏的作用，努力把《血泪仇》演好。

由于道具极度短缺，剧组演员不得不用各种废旧材料制作舞台道具和服饰。第一次正式彩排时，有很多同志嫌借来的道具服装脏臭难闻，更怕有虱子跑到自己身上，都不愿意穿。

焦裕禄就说："脏臭怕什么，我们迁就一下就过去了，如果哪件实在脏臭，先交给我，我把衣服洗干净后再给他用。"彩排之后，焦裕禄将脏旧的衣服洗补好，然后再让演员穿着演戏。

有个演员要演保长，这个演员出身贫寒，扮演起凶狠毒辣的保长，表演起来总是找不到感觉。

焦裕禄就鼓励他说："你现在是'保长'了，就要凶狠些，这样才能激起那些受压迫、受剥削者的愤怒，才能起到教育作用。"

就这样，在排练不到20天的时间里，这场歌剧《血泪仇》就排演好了。大队党委决定在1948年元旦正式演出。

这个歌剧的开头是王东才家有几亩田地和两间房子，由于被地主逼迫做了抵押，一家六口人只得住进破庙里，以讨饭为生。有一次王东才出去讨饭，不幸碰上保长，被抓走当了壮丁，全家人到天黑也不见王东才回来。

有人告诉王家人说："王东才被保长当壮丁抓走了。"

王家人放声大哭，赶快找保长求情，保长恶狠狠地说："拿钱赎人！"

一贫如洗的王家人饭吃不上、账还不上，又丢了房

图为解放军的宣传队在演出《血泪仇》。（历史背景图）

田，住进破庙，哪还有钱赎人。

王东才的妻子被逼无奈，决定卖女儿赎回王东才，王东才的女儿死活不同意，王东才的娘说：“妮呀，听奶奶的话，先把你卖了把你爹赎回来，有了钱再把你赎回来。”

最后，王东才的女儿哭喊着还是被卖了，保长张牙舞爪地把王东才的女儿拉走了。

当剧情演到女儿被保长拽着走，王东才被赎回，路上父女相遇，抱头痛哭，痛不欲生的场景时，在场的观众都流下了泪水。

“眼望着女儿被卖出门，好似钢刀扎进了我的心……”那一声声满腔怒火的控诉，焦裕禄表演得栩栩如生，令人肝肠寸断，那一刻，台下观众潸然泪下，哭声一片……

王东才回家后，丧尽天良的保长到王家又一次将王东才抓走了。妻子愤恨交加，誓夺丈夫，被保长一脚踢死，那一刻，台下的观众们义愤填膺，纷纷摩拳擦掌，要打保长。

剧情往下发展，在党的帮助下，王家父女得以团聚。回乡后，王东才带领穷苦百姓打土豪，分田地，捉住了保长，并把这个保长押上了审判台。

焦裕禄栩栩如生的表演，如泣如诉的表情，激起了台下观众的切齿痛恨，他们纷纷高喊："牢记血泪仇，解放全中国！"

这个歌剧从山东一直演到河南，沿途上演10多场，受到群众的广泛好评。

在这个歌剧的感召下，南下的行军大队化仇恨为力量，决心在党的领导下，克服一切困难，挺进中原，光荣地完成党赋予的使命。

行军中，南下大队办了一个行军快报，快报编委会负责人采访了焦裕禄。问焦裕禄："你第一次演戏为什么演得这么好？"

焦裕禄说："演戏我是第一次，虽说我不会，但这是党交给我的工作，我是个共产党员，只要党需要我，我克服一切困难也要完成。"

不久，行军快报上发表文章《焦裕禄是一名好演员又是一位好干部》。

焦裕禄在随军南下的途中，对自己的要求非常严格。作为一名共产党员，他时时刻刻都发挥先锋模范作用。

清晨，当其他同志还没睡醒时，焦裕禄已起床洗菜做饭了。由于柴湿，烟大火小，呛得他鼻子发酸，两眼流泪。到了夜晚，同志们入睡后，他还给别人盖衣盖被。

由于国民党飞机白天轰炸，还用机枪扫射，这给南下部队造成了很大的伤亡，影响了行军的速度。经过组织商量，淮河大队改为夜行军。但入冬的深夜漆黑一片，看不清路面，有的同志不慎掉进雪坑里、草坑里，摔得鼻青脸肿。在这个时候，焦裕禄总是不顾个人安危，第一个冲上前去，把这些同志拉上来。

一天，他们来到了一个人迹罕至的深山老林。此处山高林密，古树参天，还有一条湍急的大河挡着道路。焦裕禄一行人只好顺着河边，沿着羊肠小道前行。

傍晚时分，寒风卷起的尘土把天空搅得昏黄，夕阳的余辉，在风沙弥漫中，只显出一个淡白色的光环。天色猛地阴了下来，风骤然大了。

沿着河岸走了好长时间，还是没有找到渡桥。只见河里，水流湍急，翻卷的大浪激起一米多高的水花，一个又一个磨盘大的漩涡，哗哗作响。刀劈斧砍的悬崖峭壁，让人心寒。

借着篝火一看，河流上面只有一条生了锈的溜索，看样子很少有人从此路过。山风吹来，溜索左右摇晃。深夜对面的河岸看不清楚，焦裕禄与大伙商量着，只有等到天明出发。

翌日，晨曦微露之时，焦裕禄和其他班长商量下一步如何行军。

只听一个人说："咱们绕路吧！俗话说，宁走十步远，不走一步险。"

焦裕禄思忖良久，说："这儿人烟稀少，不知道出路在哪里，也许走百十里也不会有渡桥。我们要急行军，不能耽误行程，我看不如试着从此通过。"众人一听，要急行军，也没有其他更好的办法，看来只能这样了。

在过河时，焦裕禄伸出双臂拦住其他人：“都不要慌，让我先过！”

于是，他小心地手扶溜索，踩着独木桥往对岸走去。同志们都担心地看着他，害怕绳索不牢固。焦裕禄细心地边走边检查溜索。到河中心的时候，河风很大，脚下的独木桥颤动起来，浪花溅湿了他的裤脚，可焦裕禄毫不畏惧，继续向前。

正在这时，对岸传来声音：“站住，不许从这儿过！”战士们“哗啦”把枪栓拉上了，焦裕禄喊道：“同志们，先不要开枪！”说着，他自己继续昂然地往前走。

“再往前走就开枪啦！”河对岸的一个人喊道。

“量他也没有三头六臂，叫他先过来吧。”另一个人劝道。

河对岸有个山洞，山洞里钻出来个灰头土脸的地痞模样的人，等焦裕禄走到跟前，冲着焦裕禄喊道：“此处不准通行！”

“为什么？”焦裕禄问。

“这是俺发出的命令，别问为什么！”这个家伙狂妄地叫嚣着。

焦裕禄义正词严地说：“这河是公家的河，谁都可以过。谁要是阻挡，别怪我们不客气！”

色厉内荏的地痞头子，只想吓唬出俩钱吃喝玩乐，便恶狠狠地说：“你把枪缴了吧，否则让你尝尝火药的味道。”

“我和你无冤无仇，我的枪是用来打反动派的，为什么缴给你们？”焦裕禄说。

“打开天窗说亮话吧。”这个家伙理屈词穷，说，“这座独木桥是俺弟兄几个修的。伐木搭桥，耗费了很多人力物力，你们要想路过得给点过路钱。”

焦裕禄说他要把这个情况向大队领导汇报一下，就顺着溜索，踩着独木桥，返回了对岸。他把这个情况报告给大队领导后，为了减少不必要的麻烦，大队领导同意出些钱，整个大队顺利地渡过了大河。

一连几个月的艰苦行军，个别体弱的女同志支持不住，焦裕禄便替她们背干粮，扛行李。爬坡过河时，他又扶着行走困难的同志。

有位同志见焦裕禄一人背着几个人的东西，问：“你背了这么多，不累吗？”

“累些怕啥？人在困难的时候，最需要帮助，共产党员要吃苦在前，享受在后！”焦裕禄说。

南下途经兰考县时，大队受到当地游击队的亲切接待和群众的热烈欢迎，焦裕禄深受感动。

阅读提示

焦裕禄时刻用一名优秀共产党员的标准严格要求自己，争当模范。随军南下途中，焦裕禄出色地表演歌剧《血泪仇》，鼓舞了士气，提升了人们的思想觉悟。同时，焦裕禄敢闯敢干、有勇有谋，有任务总是往自己身上扛，有危险时总是冲在最前面，还无私地帮助其他同志。

本章结语

什么是一名优秀共产党员？一名共产党员的行为标准是什么？焦裕禄是怎样的一个人？相信每个人的答案里都会有这样一条：焦裕禄是一名优秀共产党员的代表。

焦裕禄绝不是平面化的，他是一个丰满的、立体的人物。

焦裕禄多才多艺。他成功扮演《血泪仇》中的主角王东才，并在沿途巡演，为党的宣传事业作出了积极贡献。他文艺气息浓厚，富有生活情趣。吹拉弹唱，样样在行。同时他还具有领导才能，反应敏捷，思维灵活，果敢机智，善于把握全局。

所以，焦裕禄是一个有血有肉的普通人，也是一个把为人民服务的宗旨意识践行到极致的共产党员。

第十四章

淮海战役

咱是民兵，要有高度的政策观念，不要造成不必要的伤亡，任何冒失的行动都会给革命带来不利。

——焦裕禄

阅读提示

“革命者是块砖，哪里需要哪里搬。”行军途中焦裕禄组织带领担架队又来到了战争前线，担任支前任务并继续进行《血泪仇》的演出，开展宣传教育工作，为解放事业做出了贡献。

1951年，焦裕禄在尉氏县参加并领导土改和剿匪斗争时的照片。

在行军路上，焦裕禄不怕苦，不怕累。他冒着刺骨的寒风，怀着一颗火热的心，昂首阔步前进。

有一次，担架队在途中遇到敌机扫射，焦裕禄挺身而出，置自己生命于不顾，从容地指挥众人隐蔽。一夜间，他前后往返走了80多里路，脚上的布鞋磨穿了几个大窟窿。有位同志心疼他，把自己的布鞋拿出来让焦裕禄穿。焦裕禄说：“谢谢你，还是留给别人穿吧。”

有个小通讯员，脚上打起了泡，磨出了血，疼得直哭鼻子。焦裕禄就耐心地教育他说：“咱比红军长征时的条件好多了，那时的红军战士爬雪山、过草地、涉渡河、闯险关，不少人都牺牲了，咱磨破点皮又算什么呢，”他又诙谐地说：“没事，过几天就又长出来了。”

到达宿营地后，焦裕禄顾不上休息，就立即给这位小同志熬中草药，治疗他脚上的水泡，并专门安排好食宿。

支前大队进入黄淮地区后，根据组织的安排，大型歌剧《血泪仇》要再次演出。但因人员变动，有些演员一时

1948年冬，淮海战役打响后，焦裕禄同志发动群众组成担架队、运粮队支援前线。（油画）

半会联系不上，只有重新找演员。

没有台词，焦裕禄就根据记忆补写；没有戏谱，焦裕禄就慢慢教唱；没有道具，焦裕禄就到当地群众家临时借用。

焦裕禄既是演员又是导演，他形象生动地给这些临时演员讲解表演技巧和歌剧内容，让他们在短时间内了解、理解剧本。

新演员问:“你是专业演员吗？”

“我不是。”焦裕禄说。

“那你为啥演得那么像？”演员问。

“我演戏的时候在联想自己的经历，我们都是怀着对国民党反动派的仇恨来到这里的，许多人的家里和戏里的情况差不多。在表演的时候，我们只要把自己的亲身经历表现出来就入戏了。”

同志们在驻地休息时就琢磨自己的角色，甚至在行军途中也不忘背台词。

焦裕禄还告诫新演员：“演好《血泪仇》，是一项十分重要的宣传工作。这对咱们这个时代的苦大仇深的贫农，挣断身上的枷锁，投身到革命工作中有好处。咱们不会，可以慢慢学，慢慢揣摩。”

由于焦裕禄组建的剧组比较活跃，在焦裕禄的指导和帮助下，这些新演员很快地掌握了基本的表演技巧和全部台词。

阅读提示

焦裕禄机智勇敢，巧妙地与敌人周旋，成功地完成了组织安排的任务——将伤员送至安全区。经过组织的锻炼和战争的磨砺，焦裕禄逐渐成长为英勇善战、足智多谋的革命战士。

到了正式演出的时候，反响十分热烈，台下坐满了当地的群众，他们感动地掉下了眼泪，这更激起了他们对国民党反动派的仇恨。

焦裕禄不但宣传工作做得好，而且作战勇敢，机智沉着。

有一次，根据组织安排，从上面转来6名伤员，让焦裕禄把他们带到安全地带——杞县革命老区。

焦裕禄带着工作队员，赶着一辆马车从彭店出发了。快走出尉氏地界时，天色已晚，焦裕禄一行人来到了一个

1948年冬，支援淮海战役的民工队。（历史背景图）

民工队的据点。刘庚申是当地的接头人，经过与焦裕禄商量，他们决定让炊事员备些饭，让伤员吃过饭，第二天天亮再走。

焦裕禄一行人刚进屋，国民党的一个分队就哗啦进了院子，用枪对准焦裕禄、刘庚申等人，他们还没来得及动枪就被敌人绑了起来。

当时工作队的几名同志，还未经历过与敌人正面的战斗，一时不知所措。焦裕禄虽然被抓了，但他面不改色、临危不惧。国民党一个队长边走边拿枪对着焦裕禄他们训话："你们一个个都给我老实点，否则，我一枪毙了你们。"

焦裕禄却不怯地说："国民党快完蛋了，你们还不如放了我们，加入共产党，解放贫苦大众。”

敌队长凶狠地指着焦裕禄，说：“把他拴紧点，他再胡扯，通通把他们交给省府法办！”

焦裕禄依旧不屈不挠地说：“捆就捆吧，我们的大部队在后面呢，连你们的省府也给炸了。”

敌人恶狠狠地押解着焦裕禄等人，向西北的朱仙镇走去。

这一小撮敌军知道此地共产党的武装力量强大，但不知道具体在哪个位置，怕被我党的同志发现，就押解着他们专走背道。

焦裕禄知道他们这一用意，就千方百计地往高处走，敌人拉着他往低洼处走，并叫嚣：“不要说话，不要乱走，要不然毙了你。”

焦裕禄提高嗓门说：“长官，你我都是穷苦百姓，都是一家人，为什么非要替老蒋卖命？快弃暗投明吧。”

敌军中有的人想动摇，但几个顽固派依旧拉着焦裕禄往前走。

大约又走了几十里，刘邓大军突然如神兵天降，将敌人团团围住，缴了他们的武器，焦裕禄等人被解救了。

焦裕禄对大部队负责人说：“对待这些俘虏，我们要好好地教育，他们中间有些是被逼当国军的。”

在回彭店的路上，工作组的同志问焦裕禄：“刚才，面对敌人的刺刀，你为啥不怕？”

“光怕有啥用，我们既然被他们捆住了，求饶他们也不会放过我们，只有靠斗争，靠机智和敌人周旋，才有逃生的可能。”

本章结语

1948年，淮海战役打响后，全国的解放战争已经进入全面反攻阶段。焦裕禄和广大的共产党员一起，和顽固的反动派分子进行最后的对决。

焦裕禄作为穷苦大众的一员，对穷苦百姓有着天然的同情。焦裕禄之所以能出色地演绎《血泪仇》的主角王东才的悲惨命运，因为他演的就是自己饱受屈辱的青少年经历，诉说的正是自己内心对剥削阶级的无比仇恨。这样的一个对百姓的苦难有切身感受的人自然能够想百姓之所想，急百姓之所急，从而得到百姓的衷心拥护。

第十五章

发动群众

我是山东人，千里迢迢来到了这里，就是为了咱穷人闹翻身求解放。我决心在这里扎根安家，彻底消灭土匪，除净恶霸！

——焦裕禄

阅读提示

毛泽东同志曾说："革命战争是群众的战争，只有动员群众才能进行战争，只有依靠群众才能进行战争。"焦裕禄始终牢记毛主席的教导，初到尉氏县，许多群众有苦不敢说，有恨不敢言，工作一时打不开局面。焦裕禄就深入群众，与群众谈心、交心，并带领队伍阻击反革命分子曹十一，处决了恶霸地主朱德林、朱更戌，终于得到了群众的支持和拥护。

在尉氏县城鱼市街路北一处天井小院里，伪县长曹十一正在研究作战方案。曹十一是尉氏县的"剿共总司令"，手下有2000多匪兵。"十一"是他和黄老三、独眼龙、师老七等土匪头子拜把子的排序。伪县长曹十一布置道："县南蔡庄这块解放区是我的心病，必须打垮蔡庄民主政府，我要集中6个中队，300多人，凌晨赶到五峰山，天亮发起进攻，抢过康沟河，向南推进。"

新任蔡庄区区长杨杰，已预料到敌人的反扑，在五峰山设立了岗哨，自己带区队武装民兵驻守在桥北的黄庄。

敌人已到五峰山，岗哨发现敌情并将情报传给上级。曹十一率众匪从西部迂回企图包围黄庄，杨杰率民兵撤退到桥南以阻击敌人，曹十一紧追至河边，两军对峙。

杨杰派人与正在尉氏五区彭店搞土改的五区政治部主任赵仲三联系，赵仲三率新编解放军二十八团迅速出击。大部队赶到河南岸与曹十一匪军接火，很快击溃敌3个中队。曹十一撤至水台村附近，负隅顽抗。

二十八团与支前工作队干部一分队70余人占领和庄，

集中一个营的兵力与工作队的同志将水台村包围，并计划由黄庄村顺河发起进攻。

匪军大队长师老七带领众匪把守水台村南门以东的寨墙，他手持机枪阻止我军，命匪兵用大车、树木、麻袋将南门、西门堵上。二十八团进攻部队的二营攻破南寨门，撕开一个缺口，又被匪军堵上。部队组织突击队携带炸药包再次冲向南门，战士柳国民抱起炸药包向南门匍匐前进，刚一接近城门，就被匪军火力压制，不幸中弹身亡。焦裕禄当过民兵，在山东老家制造过地雷，他主动请战，炸掉南门。

二十八团调来迫击炮，压制敌人的火力，打得大车上的树木咕咕噜噜乱跑，街道房屋起火，敌人一片惊慌。

焦裕禄趁势冲向南门，同时有两名解放军战士从西面、西南面两个方向实施爆破，焦裕禄将炸药包放到城门，点燃导火索，自己迅速滚到护城河沟里。一声巨响，南城门打开一个大口子，冲锋号响起，三连连长赵国瑞高喊“冲啊！”战士们冲进寨墙里，敌人仓皇而逃，曹十一率残部从北门逃窜，师老七中弹负伤，倒在墙边。赵国瑞带领三连的战士追赶到北门，师老七突然拿起手枪射向赵国瑞，赵国瑞中弹。战士们见状，一阵射击，师老七当场毙命。此次战斗共歼敌72人，俘敌136人，一场保卫战胜利告终，巩固了尉氏蔡庄新政权。区政府所在地茶岗举行隆重的追悼会，为连长赵国瑞和战士柳国民立碑。

1948年农历十二月二十三日，焦裕禄来到尉氏县参加水台战斗，荣立了战功。

解放军二十八团撤离尉氏县，将支前工作队一分队的3

个班36名干部留下来，参加建立政权与土地改革工作。

焦裕禄与二班全体同志和三班部分同志共20人，被县委分配到尉氏县五区彭店工作。

彭店是尉氏县南双洎河南岸的一个码头小镇，与河北岸的周庄隔河相望。

周庄村已建立人民政权，彭店区区委委员、区队指导员焦裕禄一行十几人背着被包，身上佩带盒子枪，穿着破旧军装，出现在周庄村头。

张庚寅，家有茅草房3间，父母已亡，孤身一人，这天忙着打扫院子，收拾房屋。

焦裕禄和12名男队员走进张庚寅家的柴门。

夜晚，工作队员入睡后，焦裕禄与张庚寅在若明若暗的一小堆柴火旁烤火，焦裕禄卷了一支烟，从火堆里抽出一根小火棍点着烟，吸了一口说："庚寅，今年多大了？"

张庚寅说："15岁！"

"你爹娘呢？"

"民国三十二年饿死了。"

"那你这些年是咋生活的？"

"我从10岁开始就给地主打长工。"

"你吃了不少苦，能活到家乡解放，不容易啊！"

张庚寅低头流下了眼泪。

焦裕禄说："不要哭，庚寅，从今天起，你就不再是孤儿了，我焦裕禄就是你的哥哥。"焦裕禄说完，拍了拍张庚寅的肩膀。

张庚寅说："焦指导员，你认我这个穷弟弟？"

焦裕禄说："天下穷人是一家，我和你一样，父亲早早被地主老财逼死了，比你好一点的是我娘还在，你就叫我哥吧，我也有弟弟了。”

张庚寅叫声：“裕禄哥。”幸福地扑到焦裕禄怀里。

在周庄村群众大会上，焦裕禄宣布彭店区人民政府成立。

焦裕禄以周庄、砖楼、彭店、梨园为土地改革试点村，深入发动群众，开展剿匪反霸、土改分田斗争。

周庄地主朱德林是个血债累累的大恶霸，横行乡里，鱼肉百姓，他一看工作队进村，知道末日来临，趁工作队进村还没站稳脚跟，便和大地主朱更戌、朱书合秘密合谋对付工作队的对策。

一天夜里，居住在张庚寅邻居家的三名女工作队员姚彩霞、王殿英、蒋敏，白天跟着焦裕禄走村串户，忙了一天，有点累了，吃过晚饭，几个人在灯下看了一会儿书，兴奋地谈了一阵子话，姚彩霞披衣在房子四周转了一圈，回到屋子里，将门栓插上，吹灭灯就寝。

焦裕禄与张庚寅习惯地在驻地看了看。回到家，焦裕禄叫张庚寅睡下，自己在灯下看书、看文件，整个村子一片寂静。

半夜时分，突然一个黑影闪到女工作队员的房屋后，拿着一团油浸棉花团连同捆绑好的一块石头抛到草房上，黑影随即隐藏在黑处……此时，狗吠声不断。听到急促的狗吠声，焦裕禄一把推开门，带枪走到院子里，张庚寅邻居的房子已开始燃烧，火光照亮了院子的轮廓。

焦裕禄大喊救火，工作队员急忙起来，跑到院子里，三名女同志听到呼喊声，看到房上头的火光，也急忙穿好衣服，打开房门，冲到院子里与男工作队员会合在一起。

焦裕禄命令道："快，快救火！"

村里的群众也被惊醒，跑到门外张望，看到工作队的房屋失火，不少壮年人，提桶的提桶，拿盆的拿盆，跑到失火地点参加救火。火光中，只见焦裕禄现场指挥有序灭火，经过村民与工作队的奋力扑救，火被扑灭了。

第二天，村口传出一个消息，工作队要撤离周村。

焦裕禄召集工作队员分析失火原因，从没燃尽的捆砖棉球中发现了没用完的食油。焦裕禄拿着一团焦黑的棉球说："大家仔细看看，不难看出，这次失火，明显的是人为放火，放火的人绝不是村上的穷人，咱周村的几十户穷人，谁家能有这几斤食油，这油是哪里来的，只有几户地主家才能存放这么多油。"

张庚寅走到焦裕禄跟前说："我发现屋后离咱房子不远的路上有油迹。"焦裕禄回头对大伙说："你们先讨论，我和庚寅出去看看。"

在村子中间路边的墙角处，先发现油迹，顺着追查，查到地主朱更戌的家门口。面对铁证，朱更戌只得承认。

焦裕禄立即召开群众大会，批斗大地主朱更戌。

批斗会上，群众不敢发言，害怕工作队撤离，地主反攻倒算，批斗大会失败。

焦裕禄和工作队决定突审朱更戌，焦裕禄向朱更戌宣布党的政策是"坦白从宽，抗拒从严，协同从轻，首恶必办"。朱更戌如实招认，策划这次放火的主谋是朱德林，目的就是造舆论，赶走工作队。

焦裕禄与工作队分别对村里几位深受朱德林迫害、苦

1949年春，焦裕禄与群众庆祝剿匪除霸工作的胜利。（油画）

大仇深的贫雇农进行诉苦教育。

周庄村头的一个空场上，用两辆四轮太平车搭建的台子上，焦裕禄登上台宣布，将恶霸地主朱德林、朱更戌押上来。随后，朱德林、朱更戌被工作队员押到台前。

几户贫雇农挤到台前，血泪控诉朱德林迫害亲人的一桩桩罪行，会场上一片哭声。

焦裕禄带领群众高呼：“打倒朱德林，人人得安康！”

贫农朱顺指着朱德林，泣不成声地说：“是你逼粮要款，杀死我的爹。”他又回头对群众说：“今天我朱顺，要朱德林血债血偿！”现场顿时群情激昂，振臂高呼：“打倒恶霸地主朱德林！血债血偿！”

焦裕禄宣布：“朱德林血债累累，杀害群众，主谋纵火，仇恨工作队与新生人民政权，罪恶滔天，现在我宣布政府判决，判处朱德林死刑。”

本章结语

在革命事业中，焦裕禄同志始终以大无畏精神，同破坏革命事业的敌人作斗争。在剿匪反霸中，他善于发动群众，通过顺口溜号召群众、与群众拉家常，激发群众的革命斗志；在计划安排上，细致周到，遇事沉着冷静；在处理群众问题时，考虑群众期盼，依靠贫农支持；在紧急情况下，他果敢坚决，能够出其不意、以少胜多。这些都是他能够团结群众、壮大队伍、迅速打开工作局面的重要原因。

第十六章

瓦解土匪

这个你就不懂了，衣服穿的遍数多了就不暖和了，我常穿着，等以后不暖和了，你还咋穿呀。

——焦裕禄

阅读提示

焦裕禄始终严于律己，始终将群众的困难放在心上，始终将群众的利益放在心上，始终将党性原则放在心上，铸就了一名优秀共产党员和优秀基层干部的光辉形象。

在彭店区，焦裕禄和刘庚申成了莫逆之交，他俩时常外出搜集情报。

一天，已是深秋，焦裕禄独自摸黑到外村搜集情报。回来时，天气阴沉，还下着小雨，对面都看不清人，焦裕禄一不小心掉进路边的一个小水坑里，待他跑到刘庚申家时，身上还不断滴着水。

刘庚申一见焦裕禄冻得直哆嗦，便着急地说："焦队长，你赶紧换身衣服吧。"

焦裕禄说："你这里也没有啊。"

刘庚申说："这个好解决，没收地主的衣服在保管室里，我去给你拿，你先穿着挡挡急。"

焦裕禄拦住他，说："那是工作组与地主斗争得来的果实，我个人不能私自穿。你不用担心，我暖一会儿就干了。"

"焦队长，过一会儿又该咱俩值班，还要好长时间才能回去呢，实在不行的话，在俺家把衣服烤干吧。"刘庚申说。

刘庚申就取些柴火，硬是要他脱下衣服烤了起来。

还没完全烤干的时候，焦裕禄却把柴火抽出来，把半干的衣服穿在身上说："算了吧，这得烧多少柴火呀，省下来以后咱好烧火煮饭。”

就这样，焦裕禄穿着半干的衣服和刘庚申去值班了。

焦裕禄和刘庚申值班的地方很多，有时站在东门外的岗哨，有时在东南坡的草丛里，有时在附近的文庙里。

这一天，焦裕禄说：“你先睡吧，我先值会班。”

刘庚申推托不过，只好先睡了。

刘庚申睡了一会说：“焦队长，该你睡了，休息会吧！”

焦裕禄却说：“我往地上一躺，湿衣服沾土，还是你睡吧。”

刘庚申说：“咱俩换换衣服你再睡。”

焦裕禄说：“这怎么能行，你半夜三更地猛一穿上半干的衣裳，还不冻病，快去吧。”没办法，刘庚申还是躺下休息了。

焦裕禄无论什么时候，总是先想着别人。

有一年冬天，大家都穿上分到的新棉衣，只有焦裕禄还穿着那件破夹袄。

刘庚申不解地问：“焦队长，你前天分的那件棉衣呢？”

焦裕禄说：“咱工作组有个同志比我穷，我把分的那件棉衣给他了。”

“那你穿啥？”刘庚申问。

“咱这身体是铁打的，锻炼出来了！”焦裕禄说。

刘庚申说：“干革命工作身体是本钱，你万一哪天病倒了，还怎么工作呢？”

焦裕禄幽默地说：“我有未卜先见之明，等我快有病时我有预感。”

刘庚申劝焦裕禄："我分的那件你先穿吧，反正放家里也是闲着。"

焦裕禄又说了："刘哥，这个你就不懂了，衣服穿的遍数多了就不暖和了，我常穿着，等以后不暖和了，你还咋穿呀。"

一天，焦裕禄回到住所，一个富农提着酒肉，偷偷摸摸地来到焦裕禄身边，讨好地说："焦队长，我给您送些酒肉，您不要嫌弃！"

焦裕禄瞥了这个不怀好意的富农一眼："你要干啥？"

富农故作镇静，嘻皮笑脸地说："嘿嘿，没啥，给您送点酒，大冷天的消消寒！"

焦裕禄火上心头，厉声说："谁吃你的东西？快拿开！"

富农悻悻地走了，焦裕禄对身边的同志说："他这酒肉可不是白送的，这里面有花招呀，咱们给他派军粮，他这是想少交呀。你们要注意，这正是他们拉拢干部的一种手段。"

"我们记住了。"在场的同志受到了深刻的教育。

焦裕禄又说："我们一定要提高警惕，学好革命理论，好好分析形势，确定我们的工作方针和工作任务，适应新时期新发展，带领全区人民，当好党的好帮手。"

后来，这个富农在焦裕禄"首恶必办、胁从不问、立功受奖"的政策感召下，主动向人民认了罚，并按政府的指令，缴纳了军粮。

彭店是个大区，在这里有饭店，也有买烟酒的地方，可焦裕禄从未下过酒馆。当地群众给他送去饭菜改善生活，他坚决不吃。他总是说："老百姓改善一次生活非常不容易，我们要是贪图享乐，还是共产党员吗？”

这年清明节到了，当地有个习俗，每逢这一天，家家都要做些像样的好饭。

刘庚申说：“焦队长，说句实话，我叫你回俺家吧，你肯定不去，这样好了，今儿个老哥手里有钱了，我请你下馆子。”

谁知，焦裕禄一听生气了：“刘哥，你有钱了，应该拿回去孝敬老娘，哪有钱下饭馆？”

刘庚申也生气地说：“只许你孝敬俺娘，把东西送给穷苦百姓，就不兴俺请你吗？”

焦裕禄一见刘庚申认真的样子，走过去，拍拍他的肩膀说：“刘哥，别生气，这饭店可不是给咱这号人开的，咱在这吃一顿饭，顶在家里吃上十天。”

不久，焦裕禄要调到别的区工作了，找到刘庚申对他说：“刘哥，我明天要走了。”

刘庚申一听焦裕禄要走了，情不自禁地掉下眼泪：“焦队长，我舍不得你走啊！”

焦裕禄说：“干革命工作，四海为家，这是为了工作需要。刘哥，我走后，你仍要好好工作。”

刘庚申哽咽着点了一下头，哭了起来。

焦裕禄说：“别哭了，抽空我会回来看你的，”他替刘庚申擦了擦眼泪说，“看看几十岁的人了，还哭鼻子，不怕人笑话。”

第二天，当焦裕禄背起行李走出刘庚申家门的时候，街上站满了群众，要为他送行，不少人眼含泪水看着他。尤其是刘庚申的母亲，双手拉着焦裕禄大声哭着说：“裕禄，我真不舍得你走啊！”

“娘，您别哭了，我还会回来的。”他又对来送行的人说：“乡亲们，都别送了。”

几个和焦裕禄玩熟了的穷苦人家的孩子也跑了过来，拉住焦裕禄的行李：“焦叔叔，我不让你走，我不让你走，我还想跟你一起玩呢，我还想听你讲智过岗哨、勇斗恶霸的故事呢！”

满街的群众边走边送，一直把焦裕禄送到村外，焦裕禄走了一里多地才与乡亲们依依不舍地挥手告别。

焦裕禄善于感化敌人。有一次，彭店回来一个姓聂的土匪，焦裕禄就在本村找一个他的亲人做他的思想工作，劝他说：“既然回来，就不要再为匪徒卖命了，现在反动势力大大削弱，解放军正集中优势兵力歼灭敌人，你要想活命，只有跟着解放军部队。”

聂姓土匪说：“我也认识到这一点，可我的亲戚有的还在他们那里呀。”

焦裕禄就说：“只要你真心愿意跟着共产党闹革命，你可以仍去敌保安队工作，暗中和我们联系即可，他们今后有什么行动，你悄悄地向我报告就是。”

从此，这个姓聂的身在敌保安队，却暗地里为我党工作。敌人抓走的我方人员，他想方设法放走；不能放的他就装着出外办事，悄悄地来解放区汇报。

就这样，焦裕禄根据他汇报过的情况，救助了很多同志，大大推进了敌后工作。

彭店还有一个在反动派军队当警卫的小赵，带着小老婆回老家了。

邻人们见他问："小赵，你咋回来了？"

"我不想干了，国民党队伍不经打，光图享受，当官的贪污腐化，我看不惯，就想回家种田，种田多自由呀，整天也不用打打杀杀的。"小赵说。

焦裕禄就派人去做小赵的工作，想通过他瓦解分化敌人，可经过多日调查发现这个人行踪不定，不像真心回家种田，倒像一个奸细。

焦裕禄根据这一发现，决定将计就计。

这一天，姓赵的又来区里转悠，工作组的同志对他说："你先回去吧，明天晚上，我们首长到这里开会，传达文件。"

姓赵的问："在哪里？是什么级别的首长？具体时间是啥时候？"

工作组的同志一本正经地说："就在咱北地的树林里，时间是明天晚上，具体什么会议我们也不知道，光说是一个重要的会议。你赶紧回家吧，区里一会儿来领导，还要来检查。"

这个姓赵的家伙知道这些情况后，当天夜里就到敌部汇报去了。

这边，焦裕禄也紧锣密鼓地进行着，他先号召全区的武装人员做好准备，又制订了详细周密的计划。一切安排就绪，只等敌人上钩。

第二天晚上，焦裕禄带领工作组和民兵悄悄隐藏于树林里，还有几个人在树林当中装着开会讨论的样子。

半夜时分，果然姓赵的家伙领着反动派保安队的人马过来了。他们一路上东张西望，偷偷摸摸地向树林走去。

远远地望见树林里还有微弱的灯光。

姓赵的就跟反动头目卖弄：“我汇报的情况真实吧，要不是在开会，半夜树林里咋有灯光？”

反动头目高兴地说：“你这一次立了大功，回头我给上头禀报，自有你的好处。”说罢命令道：“弟兄们，加快脚步，今晚上咱要抓活的，一个不留，回去邀功请赏，每人十块大洋。”

这伙反动派迅速向树林逼近。他们走到树林中间，才发现有几个民兵在交谈。

反动头目厉声喝问：“你们被包围了，首长在哪里？快说！开的是什么会议？不说实话，全部枪毙！”

这几个民兵装作吓得颤抖的样子说：“我们的首长在那里！”说着朝反动头目身后一指。这时，只见焦裕禄他们已带领大批民兵、群众、工作队同志站在他们身后，把他们团团围住，纷纷喊道：“缴枪不杀！”

色厉内荏的反动匪徒顿时吓得魂不附体，焦裕禄等人一举缴获了他们的枪支，将他们一网打尽。

阅读提示

在彭店区焦裕禄同志随时面临危险，但他坚持革命信仰，始终抱定为革命事业献身的决心，善于运用多种灵活的斗争方式。对于可以团结起来为革命所用的同志，他就做思想工作，动之以情，晓之以理；对待顽固分子，他则机智勇敢，沉着应对，最终消灭敌人。

第十七章

活捉恶霸

不要胆怯，我们共产党人不怕他们。你要相信共产党，相信工作队，我们坚决惩治恶霸，让穷人翻身解放，人民自由当家作主。

——焦裕禄

阅读提示

群众最恨恶霸。焦裕禄深知群众的苦难，时刻惦念群众所思所想，时刻把群众利益放在第一位，急群众之所急，忧群众之所忧。在尉氏县，黄老三恶贯满盈，但有枪有钱、狡猾多端。为此，焦裕禄积极谋划、周密布局，与黄老三斗智斗勇，三擒黄老三，并最终除掉了这个盘踞在大营区多年的土匪恶霸，为百姓除了害。

尉氏县有个大营区，此地土匪多、财主多。其中，有个叫黄老三的土匪，与附近一些伪县长、匪首等磕头拜了把子。他手下有百亩良田，仗着有枪有人，为非作歹，欺男霸女，草菅人命。给他做工的贫农，他看谁干活偷懒，举手一枪，要么把人打残，要么当场把人打死。他只要听到谁说他一句坏话，抓住不问青红皂白，抽筋扒皮。因此，在这一带，一提起黄老三，百姓就谈虎色变。

党组织决定把优秀干部焦裕禄派往大营区。同志们都很担心，但焦裕禄无所畏惧地接受了任务。

大营区有个叫李明的农户，原有20多亩地，他母亲在村里开个馍店，也算是日子过得去的人家。

时间长了，黄老三就眼红，隔三差五地到李家赊馍吃，一拿就是10来斤，而且赖账不还。李明的娘气愤难奈，上黄家讨要馍账，结果被打得鼻口流血。

李明气不过，私下里骂黄老三，黄老三的狗腿子听到后，禀告给黄老三。

黄老三骑着大白马进了李明家，声称要活剥李明，李明一家吓得跪地求饶，李明的父亲说：“三爷呀，您别跟小孩子一般见识，俺家的20多亩地全部给您。”

黄老三满脸横肉，一双三角眼一拉，说：“我啥都不要，就要李明一条命！”

李家敌不过黄老三，李明被黄老三捉走后，被拉到黄老三的匪窝。黄老三把李明活活地熏死过去。李家人把李明的尸首抬到家，准备埋葬，谁知在入殓时李明却又意外地苏醒过来，一家人喜出望外。但慑于黄老三的凶残，李家人让李明连夜逃到土岗老林里躲藏起来。

焦裕禄了解到这一情况后，觉得李明苦大仇深，适合加入民兵组织，于是到李明家去做工作，不料李家人只字不提，焦裕禄只好自己到土岗老林寻找李明。

经过多日打探，焦裕禄终于在土岗老林的一个河沟内找到李明。

焦裕禄笑呵呵地走上前说：“你是李明吧，我是大营区区长，给你伸冤来了。”

李明怀疑的目光落在焦裕禄的身上：“你是大营区的区长？给我伸冤？”

“我是区长，可我是咱穷人的区长，哪里有不平，我往哪里去，谁苦大仇深，我就为谁伸冤。”说着，拉着李明的手一起坐在山坡上。

李明说：“我和黄老三有不共戴天之仇，可你一个小小的工作队，怎能抵过他的大批人马？”

“李明，不要胆怯，我们共产党人不怕他们。你要相信共产党，相信工作队，我们坚决惩治恶霸，让穷人翻身解放，人民自由当家作主。”

李明被说得热泪盈眶，激动得双手攥出汗来。焦裕禄接着鼓励说："李明，我们欢迎你加入民兵组织，你到村里跟我一起去组织民兵吧。"

就这样，李明加入了民兵组织，后来又当上了民兵队长。

一天深夜，李明在大营巡逻时，听说有一股反动势力，谋划摧毁工作组。

李明将这一情况及时报告给焦裕禄，并说："咋办呀？他们一伙匪徒穷凶极恶，如今又要摧毁工作组，还要杀害您呀！"

焦裕禄听后，不慌不忙地说："我们要抢在他们前面行动，明天夜里，咱们工作队民兵就深入虎穴，一举粉碎他们的阴谋。"

第二天晚上，焦裕禄给民兵发了枪支，带领人马，悄悄地潜入匪窝。当时屋中间八个土匪头目正吆五喝六地猜枚划拳，喝酒吃肉。焦裕禄一个箭步跨上前去，双脚跳落在桌子上。

他双手双枪，对准土匪头子的脸厉声喝道："谁动打死谁！"随后，将所有土匪缴械押走。

第二天天亮，焦裕禄将该情况报给了上级组织，上级组织决定让他召开宣判大会。在会上，焦裕禄宣判这几个土匪全部枪毙。此举大快人心。

后来，大营区分成几个乡，李明被任命为大营乡的乡长。

焦区长在大营区内走乡串户，访贫问苦，民兵分头收集情况，查访土匪下落，捉拿土匪归案，没收土匪枪支。

焦裕禄号召党员群众发放传单，张贴标语，宣传党的的政策。

果然一些土匪喽啰前来区里，表示愿意弃暗投明。焦裕禄就把其中几个改邪归正的土匪吸收到民兵组织里。

大营区有人不解，问:“你怎么让土匪当民兵？”

焦裕禄不露声色地说:“我自有道理。”

焦裕禄接二连三地在大营区吸收了几个改造过来的土匪当民兵后，土匪头子黄老三在老窝里坐不住了，他担心焦裕禄一个个地把他手下改造完了，他黄老三岂不成了孤家寡人，今后谁还会替他卖命！

于是，黄老三驱赶大马车，来到大营附近，四处暗地活动，并发出狠话:“今后谁再敢背叛我黄老三，我就扒了他的皮，抽了他的筋，连他的家人一个也不留！”还声称要跟焦裕禄斗个鱼死网破。

这天，李明到区里找焦裕禄汇报工作，没有找到焦裕禄，听人说去黄老三家了。

李明心想：焦区长唱的是哪出戏？是害怕黄老三，还是孤身一人闯虎穴？

焦裕禄独自一人来到黄老三家，管家报告黄老三：“三爷，焦裕禄来了。”

黄老三大吃一惊:“看他长几个脑袋，敢进我家？”他气愤地说:“让他进来。”同时吩咐手下见机行事。

焦裕禄进了大厅，只见膀大腰圆的黄老三正坐在堂前，一对三角眼显出鄙夷不屑的样子。

黄老三说:“焦区长，不知您大驾光临，有失远迎呀！”

焦裕禄说：“黄老三，我今天特意来拜访，准备与你合作，邀请你到乡里来当乡长哩。”

黄老三听后，一阵冷笑，说：“你做梦都想把我崩了，还请我当乡长，我可不上你的当。”

焦裕禄一脸正色道：“我们共产党的政策是‘坦白从宽、抗拒从严’，如果你继续与民为敌，在这条道上继续走下去，就只有死路一条，如果你放下屠刀，我保你不死。”

“我不信！我不信！”黄老三摇晃着脑袋，满脸疑虑。

“如果你主动投降，向人民认罪，这就是立功表现，符合我党坦白从宽的政策。”焦裕禄义正词严地说。

黄老三阴沉一笑，陡地从腰间拔出手枪，往焦裕禄眼前一举，手指扣住扳机。焦裕禄却面不改色，镇定自若。黄老三狡猾地大笑：“我看你不是来杀我的。”突然又把枪指向天空，呯呯两枪，然后说：“谁敢与我作对，这个铁玩意可不答应。”说罢，一挥手：“送人！”

焦裕禄镇定自若地起身走出了黄家大院。

李明见焦裕禄从黄老三家回来了，吓了一身冷汗说：“他没打你？”

“没有，我邀请他当乡长哩，他还能咋着我？”焦裕禄神秘地一笑。

李明一听不解地问：“焦区长，你让这土匪头子当乡长，还不把咱老百姓生吞了？”

“你只知其一，不知其二。”焦裕禄答道。

李明耐不住性子问：“焦区长，你要为老百姓除害，就赶紧想办法，捉住黄老三，一枪把他毙了。”

焦裕禄又说：“杀了黄老三容易，他手下的土匪咋办？你想过没有？那些骑在老百姓头上作威作福的土匪，残杀无辜，我恨不得立马杀了他们。咱们要想办法，顺藤摸瓜，一个一个地把他们揪出来，一网打尽。”

“李明，今天是清明节，他可能要上坟祭祀，咱们先抓捕黄老三，给他敲个警钟！”焦裕禄说。

于是，李明领命带上十几个民兵悄悄地隐藏在黄老三祖坟附近的树林里。一会儿，黄老三果然上坟来了。

正当黄老三给祖宗烧香磕头时，李明率领民兵一拥而上，把黄老三团团围住。黄老三先是一愣，接着凶狠地说：“你们简直反了，也不看看这是谁的地盘？敢跟我来这一套！”

李明用枪顶住黄老三的脑袋，怒喝一声：“走，先跟我走一趟！”他又对着其他土匪说：“谁敢乱来，我一枪毙了他！”

就这样，李明等人把黄老三押往大营区政府，交给了焦裕禄。

黄老三也不是那种没见过世面的人，也不喊求饶，硬着头皮问：“焦区长，你不是与我交朋友吗？你不是叫我当乡长吗？你怎么又派人抓我呢？”

焦裕禄答：“请你来是想向你打听点情况。”

黄老三说：“焦区长，今天反正是落在你手里，要杀要剐由你。”

焦裕禄说：“今天我不杀你，你只要把附近的土匪名单告诉我，告诉我你手下有多少支枪，就放你回家。”

黄老三一听：“这个好办，只要不杀我就行。”他一指身边的副乡长梁长运说：“他就是土匪，大营区本身就是个土匪窝，大到八十岁的老翁，小到十八九岁的青年，全是土匪，你杀也杀不完。若问我手里的枪数，在大营区附近庙里的神龛下，就有50支。”

焦裕禄吩咐李明等人前去寻找，果然在神龛下找到50

支枪，于是就对黄老三说："今天暂且放了你，看你今后表现如何。"

黄老三被放走了，得意地扬长而去，这下可急坏了李明："焦区长，你放走了匪首黄老三，他日后还不继续兴风作浪、祸害民众？"

焦裕禄说："黄老三这一回去，肯定会大吹大擂，放松警惕，他手下的爪牙更是有恃无恐，慢慢地浮出水面。你去黄老三家附近把那些隐蔽的土匪，一个个地挖出来。"

李明就带领几名民兵隐藏在黄老三经常出入的地方。

这时，几个平常在大营区任干事的果然露头了，其中一个说："咱到底是听姓焦的，还是听三爷的？"

"三爷平日行凶作恶，按理说早该毙了，焦裕禄却放了他，这说明什么？他怕咱三爷！"一个干事说。

"你没看见三爷今天差点把我的名字供出来，要是让姓焦的知道了，还不把我抓起来。"另一个干事梁长来说。

"你别怕，只管听三爷的。"

"三爷又有啥命令？"

"三爷说了，叫咱今晚就去把姓焦的给捅了，就是杀不了焦裕禄也要把李明给砍了！"这几个土匪你一言我一语地说着。

李明了解这一情况后，赶紧回来报信。

焦裕禄听了，说："咱们将计就计，看他们是真是假。"

于是焦裕禄便在常睡觉的住处，弄几条棉衣伪装成自己和李明睡觉的姿势。

半夜时分，这几个家伙果然来了，黑夜中以为是焦裕禄和李明在床上睡觉，上去就用刀猛捣。

第二天，这两个干事依然大摇大摆地来到区里，见焦裕禄仍然坐在办公室，吓得腿一软，差点坐到地上。

焦裕禄装作没事一样对其中一个名叫梁长来的干事说："我听说你的枪法不错，今天想叫你试一下。"

说着，把一支枪递给了他，这个家伙接过手枪，看到焦裕禄一脸诚意就问："焦区长，你说叫我打啥吧？"

焦裕禄说："你就打前面五十米远的那棵小树吧。"

梁长来举起手枪，对着那树砰的一枪，正中树干。焦裕禄便夸奖起来："果然名不虚传。"

梁长来还嘿嘿地一笑说："还是焦区长这把手枪得劲。"

焦裕禄便说："这把枪就送给你了。"

梁长来接过手枪，满脸欢喜，焦裕禄说："县公安局昨天来通知，让选一名枪法准的人到县局，提拔当公安，我看你最合适。我已给你填好名单，你拿着介绍信去吧。"

梁长来不知是计，高兴地接过介绍信，去公安局报到。

他来到县里，刚一进公安局大院，等候在那里的公安人员就把他扣押了。经公安局突击审讯，梁长来又供出十几个隐蔽的土匪。这些土匪根本没把工作队放在眼里，还在暗地里活动，甚至伺机准备轰炸区政府，只是因为时机未到。

李明渐渐地觉得焦裕禄的做法是正确的。

焦裕禄根据名单一一把这些土匪抓了起来。李明觉得黄老三的左膀右臂被抓住的不少了，便说："焦区长，我看差不多了，这回总该找黄老三算账了吧。"

焦裕禄还是神秘地一笑，吩咐道："先把乡长梁长运叫来。"

一会儿梁长运来了，焦裕禄让他去把黄老三喊来，就说他儿子来信了。

黄老三在路上还对梁长运吹嘘："我黄老三不是吹哩，他姓焦的不敢动我半根汗毛，我儿子在解放军部队里还是个营长呢。"

梁长运和黄老三边走边说，来到区政府大院。

黄老三一进大院，焦裕禄突然脸色大变，厉声喝道："把黄老三给我捆了！"

黄老三一听，吓得一迷瞪："焦裕禄，你跟我玩阴招是不是？你说我儿子来信了，叫我到区里，现在却又抓我，是何道理？"

"你儿子在部队里为民杀敌，是人民解放军，和你在家穷凶极恶、残害百姓是两码事。你想要活命，就要坦白从宽，供出你手下的土匪。否则，就关你进大牢！"焦裕禄说。

黄老三说："焦区长，我已经给工作队提供一些枪支，又供出了一些土匪的名单，也算是立功了，今后就不要再找我的麻烦了。否则，我和你拼个鱼死网破。"接着就又供出十几个土匪、几百支枪。

焦裕禄说："放了黄老三。"

李明着急了："现在黄老三身边的土匪已基本抓获了，还放了黄老三，到底啥原因？"

焦裕禄说："黄老三是个大土匪，咱们要杀他，得叫他心服口服，今天咱是把他叫到政府大院的，又不是抓来的，作为共产党员应讲究原则，仁礼为先。”

黄老三被放后，更加肆无忌惮，还想继续过土皇帝的生活，并且扬言要东山再起，叫嚣有朝一日烧了区政府大院，自己当权。

焦裕禄说：“到了收场的时候啦，这回咱们要亲手捉住黄老三，让这个土匪头子得到严惩。”

一天深夜，黄老三率领一队人马，向区政府赶来。

焦裕禄得到消息后，迅速召集民兵，布下天罗地网，只等黄老三前来。

在通往区政府的大道上，黄老三坐在马车上大摇大摆地赶来，焦裕禄在半道上大喝一声：“黄老三，你要干啥去？”

黄老三一指后边的人马，趾高气扬地说：“今天，我要把区政府给烧了！”

趁黄老三得意洋洋之际，说时迟，那时快，焦裕禄飞身跳上马车，拦腰将黄老三抱住。

黄老三说：“你自找死路，没看见我后面的人吗？”

焦裕禄一指后边说：“看看后边是谁的人？”黄老三这才仔细一看，黑夜中，大批民兵早已把他的那些喽啰团团围住，喽啰们一个个吓得不敢轻举妄动。焦裕禄手疾眼快把黄老三按倒在地，众人一拥而上，捆住黄老三，押到区政府。

乡亲们听说黄老三被焦裕禄活捉了，天明时分，纷纷到区大院看个究竟，黄老三果然被捆在院里的大树上。人们恨得咬牙切齿，拾砖拿棍，要打死黄老三。

黄老三还是一副死猪不怕开水烫的模样，在树上扭动着，破口大骂焦裕禄。

焦裕禄不急不恼地说："黄老三，你是大营区的匪首，经常杀人越货，祸害乡里，路人皆知。今天，我要召开公审大会，替老百姓作主，你听候发落吧。"

在公审大会上，大营区的男女老少坐在大院里，揭发黄老三的罪行。黄老三依旧破口大骂："自古以来天下就不是一个阶级，我要不剥削你们，我咋大富大贵？几十年后，我还是一条好汉，再来吃你们的肉，喝你们的血！"

焦裕禄义正词严地在大会上宣布："我代表区人民政府，依法判处黄老三死刑。"

随着一声枪响，这个祸害乡里的罪魁祸首一命归天，大营区老百姓欢呼雀跃，纷纷高喊："杀了黄老三，大营晴了天，睡上个安稳觉，吃上了心净饭。"

焦裕禄带领乡亲们，打倒恶霸地主、击毙土匪黄老三，受尽煎熬的穷人翻身解放，欢欣鼓舞的人们砸开了豪绅的红漆大门，斑痕累累的赤脚迈开大步，踏进财主的深院。一担担用血汗换来的粮食，又回到了穷人的手中；一张张吃人的契约，在冲天的大火中化为灰烬。

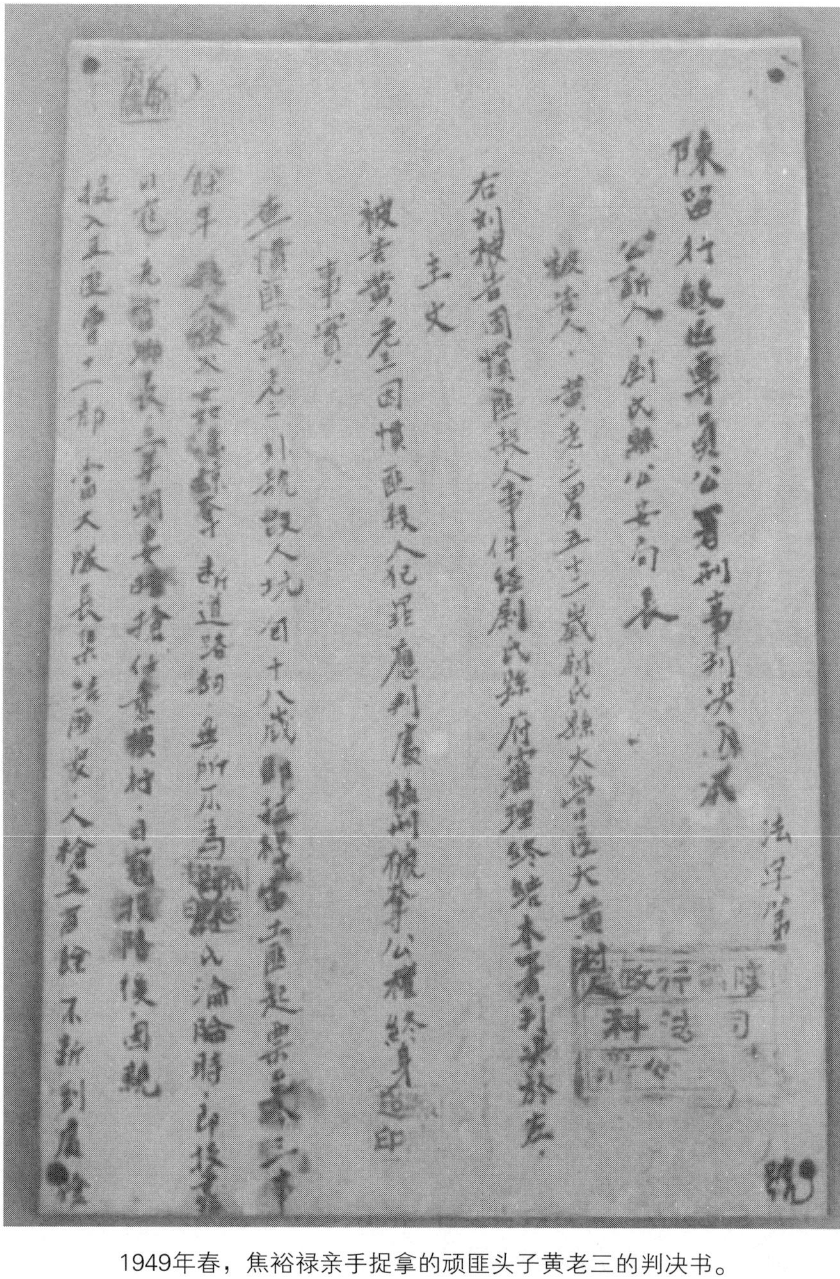
陳留行政專員公署刑事判決
公訴人：尉氏縣公安局長
被告人：黃老三 男 五十二歲 尉氏縣大營區大黃村人
右列被告因慣匪殺人事件經尉氏縣府審理終結本署判決於左
主文
被告黃老三因慣匪殺人犯罪應判處槍決褫奪公權終身
事實

1949年春，焦裕禄亲手捉拿的顽匪头子黄老三的判决书。

1949年焦裕禄同志在担任尉氏县大营区区长期间，依靠贫苦农民对横行乡里的土豪、恶霸进行坚决斗争。（油画）

本章结语

毛主席告诉我们，斗争要讲策略，做到有理、有利、有节。革命斗争不能蛮干，不能逞匹夫之勇。焦裕禄带领民兵，依靠贫农，用先礼后兵、步步为营、分化瓦解、攻心为上的战术，消灭了不可一世的黄老三，报了老百姓的心头之恨，为民除害，在老百姓心目中树立了威信，也受到了爱戴。

第十八章

善树典型

你现在已是党培养的干部了，但不能忘记自己是贫农家的孩子，你要领导农民好好生产，多打粮食，支援社会主义建设。

——焦裕禄

阅读提示

榜样的力量是无穷的。解放初期，百废待兴，人民的生产生活还处在混乱、无秩序的状态。为了尽快恢复生产，提高群众劳动的积极性，在尉氏县工作的焦裕禄发现、培育和树起了几个榜样。

1950年秋季的一天，当焦裕禄下乡来到上王庄检查生产时，遇见一个十六岁的小女孩，手里握着长鞭，吆喝着牲口犁地。

焦裕禄便走上前去，亲切地问："妹子，你叫什么名字？怎么会犁地？"

那姑娘也不怯生，笑着说："我叫王小妹，俺家没男孩，我只好赶着牲口下地干活了。"

后来，焦裕禄又多次主动找王小妹了解情况。

在那个年代，由于受封建思想的束缚，妇女的地位低，王小妹只能偷偷地犁地。哪怕是身穿长衫的保长见了她就讽刺、嘲笑，也没有动摇她下地劳动的信心。焦裕禄了解这一情况后，觉得王小妹的事迹值得大家学习。

为了让广大妇女冲破封建落后意识的牢笼，鼓励更多的妇女走出家门，与男人一样平等自由地参加农业生产，焦裕禄准备大力宣传王小妹的事迹。于是，他便把王小妹犁地耙地的事向县委做了汇报，并阐明了自己的看法。

县委领导也赞同焦裕禄这一想法，说："你真是好眼光，能发现王小妹这个推动生产发展的好典型。"

于是焦裕禄便把王小妹的事迹整理出来，他把王小妹的事迹编成顺口溜：上王庄有个王小妹，小小年纪十六岁，犁地耙地她都会……

焦裕禄又专门在县城南关农场让王小妹表演犁地耙地的绝活。

那一天，站在地头看表演的人摩肩接踵，好不热闹。

田地里，王小妹一甩长鞭“嘚儿——吁吁——喔喔——”地犁起地来。半晌工夫，她就从容自如地把这块土地犁耙好了。

王小妹的事迹越传越远，很快全县的男女老少都知道有个十六岁的小姑娘王小妹很会犁地。

自从王小妹的事迹被广泛宣传后，尉氏县的许多妇女效仿王小妹走出家门，走向社会，和男人一样参加劳动，投入到轰轰烈烈的社会主义建设之中。

后来，王小妹被调到团县委工作，焦裕禄特别找到她谈话：“你现在已是党培养的干部了，但不能忘记自己是贫农家的孩子，你要发动农民好好生产，多打粮食，支援社会主义建设。”

王小妹说：“焦区长，您放心吧，我一定不辜负您的期望。我不识字，我干脆还到乡下去，帮助群众搞生产。”焦裕禄同意了。

她回到家乡后，在大营区成立了第一个互助组，王小妹任组长。

有一年秋天，互助组给焦裕禄送去几斤新鲜的大枣，焦裕禄回来后问：“这是谁送来的？”

有人说是互助组王小妹送来的，焦裕禄当即带枣下乡，找到了王小妹，批评她说：“现在是困难时期，正是考验一个干部本色的关键时刻，群众用血汗换来的成果，我可不能白要！”

王小妹说：“这大枣是我在互助组买的，是我自个儿送给您的。”

焦裕禄高兴地说：“这样做还可以，不过你多少钱买的，我得给你多少钱。”

最终，王小妹拗不过焦裕禄，还是把买枣钱收下了。

焦裕禄还借机在互助组组织妇女学习文化，号召广大妇女参加互助组劳动，焦裕禄说：“近几年因战争、灾荒影响了发展，从现在开始，妇女不要再怕抛头露面，你们与男子在社会上同样有地位。”

后来，在焦裕禄的关怀培养下，王小妹还光荣地出席了河南省首界团代会。

王小妹这个典型，激发了广大妇女投身生产劳动的热情和积极性。

焦裕禄不仅善于树立典型，还注重言传身教，教育引导身边的工作人员和人民群众。

1949年冬天，半夜时分，北风怒吼，雨雪交加。

焦裕禄来到通讯员李小虎的住处：“小虎，快起床，跟我下去。”

李小虎还在睡梦中，听到喊声，急忙穿衣下床。他睁眼一看是焦区长，便问：“深更半夜，外边又刮风又下雨又冷，你不睡觉，叫我干啥？”

焦裕禄说：“这儿地处沙区，房屋破旧，地基不牢，咱俩下去检查一下，看有险情没有。”

李小虎还处在睡意蒙胧中，说：“焦区长，伸手不见五指，出门只怕路也看不清呀！”

焦裕禄说："干革命不能怕辛苦，咱们当干部的就是为老百姓谋幸福的，你想啊，农家谁要是冻死一头牲口，那他家今后还咋生活？要是谁家刮倒一棵树，那不也是损失吗？"

焦裕禄手里拿着手电筒，头上顶着一个破帽子，身穿单夹袄就上路了。这样，李小虎跟着焦裕禄出发了。

路面又湿又滑，坑坑洼洼，两人不知摔了多少跤，他们一路寻查，来到了一个村干部家，村干部见焦裕禄两人身上湿漉漉的，焦急地说："这黑灯瞎火的你们还来检查险情，赶快到屋里烤烤火，暖和暖和吧。"

焦裕禄却说："我们不是来赶场的，走，咱赶快去下一家检查检查吧。"已是深夜了，焦裕禄几个人深一脚、浅一脚地行走在泥泞的路上，无论走到谁家，他都要凑上去看看、听听有无不正常的动静。

当天快亮的时候，焦裕禄和通讯员李小虎已经查看了几个村庄。

他们又跑了一二十里路，来到另一个村，村干部心疼地问："焦区长，看您一身泥水，不冻得慌吗？吃饭没有？"

李小虎如实相告："焦区长不但身上冷，还没有吃饭呢！"

那干部感动得泪水都流出来了，非要给他开个小灶不可，焦裕禄一把拽住他，严肃地说："这样可违反规定，咱们一起走吧，跟我到农家检查一下，我也顺便吃一下农家饭。"

就这样，焦裕禄总是拒绝为他派的好饭，而跟着百姓吃农家饭，贫农吃什么，他就吃什么。即使吃糠咽菜，他也吃得津津有味。

他曾几次对李小虎说："小虎呀，我对你说，今后咱们只要下去，要吃就吃群众家的饭。和农家一起吃饭，我们还能听到群众的心声，了解他们的真实状况。吃农家的饭肚里舒服呀。"

一天，他们到了一个农户家，老农见他穿得衣服破旧，根本不认为他是当官的，后来听村干部说是个区长，这才吃惊地瞪大了眼睛看着焦裕禄，激动地说："这才是党的好干部呢！"

有个贫农关心地问："焦区长，你咋不穿点新衣服呢？"

他笑呵呵地说："是衣挡寒，是饭挡饥，干革命不能一味地讲究吃穿，等大家都穿上新的好的，我再穿上好衣服不晚。"

有一次，焦裕禄和李小虎下乡时，见李小虎在学吸烟。

焦裕禄便说："小虎，你这么年轻，还不适合吸烟，再说吸烟是种浪费，把吸烟省下来的钱称盐、买油顾顾家不好吗？"

李小虎问："焦区长，我看你经常把自己的钱给群众，你咋不存点钱，照顾一下自家呢？"

他听后笑了笑说："群众家就是我的家，等群众都有钱了，日子好过了，这个家就不需要照顾了。"

从此，李小虎把烟戒了。当焦裕禄了解到小虎的家也很贫穷时，为了帮助小虎家脱贫，焦裕禄用自己积攒的钱给他买了一头小猪。后来，李小虎参军了，焦裕禄还不忘写信鼓励他在部队要干好工作，练好杀敌本领，报效祖国，并说："尉氏县近年生活水平提高，不要牵挂家里，你是青年，放眼未来，前途无量。”

还有个女青年名叫陈莲清，她有一位姐姐早年参加革命，在战争年代的一次日本鬼子扫荡之后没有了音信，陈莲清的母亲为此日夜发愁，忧心如焚。陈莲清很是替母亲担心。焦裕禄知道后，便写信到有关部门查询。但是革命队伍走南闯北，部队工作流动性较大，写出去的几封信都石沉大海。

有一天，焦裕禄拿着一封陈莲清姐姐的来信找到陈莲清。

“莲清，莲清，你姐姐来信了。”

陈莲清简直不敢相信自己的耳朵，她跑出门外一看，焦区长手里举着一封信正高兴地向她走来。

陈莲清激动万分，想不到失散多年的姐姐终于有了音信，同时也打心眼里感谢这位好区长焦裕禄。

焦裕禄也替她高兴：“今天可是个大喜日子，让你提前下班，赶快回家，把这封信交给你母亲。”

陈莲清揣上信，喜出望外地跑着回家了。

陈莲清虽然参加了剿匪反霸斗争，但由于年纪轻，对那些地主恶霸的罪行认识不够深刻，焦裕禄就给她讲解旧社会的剥削和压迫，进一步增强阶级斗争意识。焦裕禄说：“你看过歌剧《血泪仇》吗？”

陈莲清说：“没有。”

焦裕禄就给她讲解《血泪仇》剧情，说到动情处，还会拉着二胡自唱自演。

他把王东才一家被联保主任、保长逼得家破人亡、卖儿卖女、妻离子散的悲惨情景演得绘声绘色，使陈莲清提高了觉悟，把动力用在了工作上。

最后，他又对陈莲清说：“莲清同志，你也是个苦主啊。”

陈莲清说：“我咋是苦主？”

“莲清，你想啊，你父亲是个共产党员，被国民党杀害了，难道你对反对派不憎恨吗？这就是苦主。”

陈莲清这才理解了“苦主”一词，焦裕禄还开导陈莲清说：“你也上过学，也算是小知识分子了，但光有书本知识还不行，还应在群众运动中锻炼。只有通过实践锻炼，才能真正弄明白为什么要革命，怎样革命。现在的清匪反霸运动，就是为今后的土改工作打基础。”

焦裕禄的谆谆教导，让年轻的陈莲清懂得了许多革命道理，使她逐渐成为一名优秀的共青团干部。

焦裕禄还善于发现新事物，推广架子车就是佐证。

焦裕禄在尉氏县工作时，就曾把木牛流马的故事讲给尉氏县的老百姓听。何谓木牛流马？传说三国时代，诸葛亮作战中原，为了提高打仗能力，做些木牛、流马，代替人力运输。这些木牛流马能驮能运，载重疾驰，不吃不喝，省时省力。

焦裕禄早在东北抚顺挖煤时就用过架子车，感觉架子车能装东西，人拉着又省劲，就从东北运回一批架子车，可尉氏县竟没人用，要么不相信架子车有用，要么说用不好。尉氏县人只习惯用牲口拉车，而骡、马、驴、牛等牲口，在灾害年月，大量伤亡，严重地制约着尉氏县的农业发展。

难道说要把这些架子车束之高阁吗？焦裕禄苦思冥

想，他决定深入群众调查研究。

在走访过程中，他发现一些农民提起架子车都说没见过，不会用，或者半信半疑，认为光一个车轱辘和几块木板能顶啥用，还有一些群众说没有本钱买。

焦裕禄把调查来的问题和想法一一整理在本子上，并提出具体的解决办法。

他首先在区里让一些体格健壮的劳力用架子车拉些沉重物品以起带头作用，同时他还编了个顺口溜，宣传架子车的用途：架子车，能耐磨，光干活，不吃喝，拉住东西装得多……

通过焦裕禄的大力宣传和青壮劳力的广泛应用，人们亲眼目睹了架子车的优点。一时间，尉氏县的农民纷纷争购架子车，有买不起的群众，政府就以贷款形式分给农民。

自此，这种普通的架子车在全县农业生产当中，起到不可低估的作用。

焦裕禄使用架子车推动生产的典型事迹，得到了县委的认可，《河南日报》介绍了他的先进工作经验。

本章结语

毛主席曾经说过，典型本身就是一种政治力量。点亮一盏灯，照亮一大片。学习具体的先进典型，往往比接受抽象的原则更有效，特别是身边的榜样，人们会不知不觉地受到影响，这样由点到面，相互感染、竞相仿效，最终会使人人见贤思齐，自觉地赶超先进，创先争优。

第十八章　善树典型

焦裕禄在尉氏县为了尽快恢复农业生产，激发妇女参加农业生产的积极性，通过树典型、抓典型的工作方法，用典型带动的方式，打开了尉氏县农业生产的新局面。

第十九章

传经送宝

我们都是穷苦人出身，识字不多，你现在还很年轻，头脑灵活，学东西记得快，记得牢，希望你以后多读书、多识字、多学习，将来在建设我们伟大的祖国时，发挥自己的才能才识。

——焦裕禄

阅读提示

邓小平说："我们一定要把思想政治工作放在非常重要的地位，切实认真抓好，不能放松。"解放初期的尉氏县，干部的知识贫乏。为了提高干部做群众工作的本领，焦裕禄就开设土改培训班，给广大干部普及土改知识，讲解上级政策，提高干部思想政治水平和工作能力。

1949年秋天，焦裕禄在尉氏县工作的时候，徐俊雅在县共青团做妇女工作。当时，群众对讲政策不太关心。焦裕禄从小喜欢拉二胡，发动群众土改，召集群众开会前常常拉一段二胡，活跃气氛，把群众吸引过来。

有一天，他正拉二胡，共青团干部徐俊雅来了，说："焦区长，你二胡拉得真好！听说你还会唱戏呢。"

"早在随军南下的时候，我们在行军路途中排演过歌剧《血泪仇》，我演王东才，你会唱吗？"

"我不太会唱，但我爱唱《小二黑结婚》中小芹那一段。"

"那好，我拉，你唱吧。"

徐俊雅自己先唱了几句后，说："焦区长，你也唱呗，小二黑那一段，咱俩对唱。"

"你演小芹正合适，我演二黑年龄有点大，演不像。"

"你多大呢？"

焦裕禄便报了年龄，徐俊雅接着说："比我才大10岁，你不会打扮得年轻点吗？"

焦裕禄听后，哈哈大笑。长期以来的艰苦环境使他养成了节俭朴素的生活习惯，他的衣服很多时候都洗得发白，还不舍得扔。

“母亲就是被父亲的这二胡声引过来并喜欢上他的。”据焦裕禄的女儿焦守云后来回忆说。

徐俊雅，1931年出生，兄弟姐妹5个，依次是俊洪、俊宏、俊青、俊雅、俊杰，徐俊雅排行第四，也是家里唯一的姑娘。正因为如此，在徐俊雅的婚姻方面，她的父母特别上心。

有段时间，徐俊雅的家人要为她找婆家。徐俊雅对母亲说：“娘，我不用您操心，如今都实行婚姻自由，我想自由恋爱，我的婚姻我做主。”

1949年春，焦裕禄同志在尉氏县宣传党的土改政策，发动群众进行土地改革。（油画）

“你再做主，也不能自己谈呀！”母亲说。

“娘，我心中已有对象。”

“谁呀？”

“焦裕禄，是工作队的。”

“你说的就是那个焦区长吧，瘦高个，是个外乡人，在村里跑来跑去的那个热心人，他比你大好多呀！”

“娘，大几岁没啥，他人品好、思想好、工作好，为群众办实事，我就喜欢人民的英雄。”

徐俊雅的母亲说：“妮呀，婚姻是一辈子的大事，你选他，我们当大人的也不反对，只是怕人家笑话呀！”

“娘，焦区长公正无私、为民着想，这样的人在同事

1949年焦裕禄在尉氏县大营区门楼任村搞土改时给群众打的水井。（摄于2014年7月）

20世纪50年代初期的焦裕禄。

中威信可高了，邻居们知道了也高兴。再说，焦裕禄对其他人还那么亲呢，何况您。娘，您放心吧！”徐俊雅说。

当时，徐俊雅的爸爸除了教书，家里还卖馒头，做点生意。徐俊雅不到20岁的姑娘，焦裕禄比她大10岁。为此，徐俊雅的母亲脸色不看好，说焦裕禄哪里好？又黑又瘦，他家离这里又远，你嫁给他，图什么呀？那么远的地方，万一有啥事怎么办？徐俊雅的母亲坚决不同意。但徐俊雅在同焦裕禄的婚事上，非常勇敢、执着，她宁愿和娘作对也要嫁给焦裕禄。

“最后，父亲去世时，姥姥还在对娘唠叨：现在这么多孩子要养活，当初要是不嫁给他，你也不会受这么多苦。”焦裕禄的女儿焦守云后来回忆说。

同徐俊雅的母亲不一样，徐俊雅的父亲非常喜欢焦裕禄，知道他们交往后，徐俊雅的父亲没有反对。他说，一个外地人能带领工作队，在尉氏县这个土匪出没的地方把工作干得这么好，有能耐。徐俊雅的父亲特别看好焦裕禄，觉得这个小伙子有前途。在徐俊雅父亲的带动下，徐俊雅的母亲也逐步改变了看法。

焦裕禄的老家在山东省博山县，兄弟两个，焦裕禄的母亲对儿子的婚姻也抱有很大希望。作为母亲的都希望子女有一个好的归宿。所以，当听说有一位漂亮、贤惠、懂事的俊雅姑娘喜欢儿子并执意要嫁给他时，焦母更体现了一位母亲的仁慈。焦裕禄的母亲喜欢徐俊雅，一方面是因为儿子喜欢；另一方面也是为儿子着想，觉得儿子常年在外面不容易，也得娶个媳妇好有人疼。

在传统的农村，嫁闺女和娶媳妇不同。闺女找婆家就非常挑剔，要寻个好人家，不再受穷受累。而娶媳妇相对来说要求的条件不是太高，只要通情达理，生儿育女就行了。但是在焦裕禄和徐俊雅的婚事上，焦母还表现出和一般父母不同的地方，就是她的儿子不在身边，是在河南，儿子要娶的是河南省尉氏县的姑娘。在对待这件事情上，焦母曾经对儿子焦裕禄说过一些心里话，“禄子呀，你看人家俊雅姑娘，又粗又长的大辫子，个子高，皮肤白，又勤快又懂事，主要是她对你好，这样的闺女娘喜欢。”“你一定不能辜负人家，你一个人常年在外，能有这么一个心心念念的姑娘做媳妇，娘也就放心了！”

1950年11月，焦裕禄和徐俊雅在尉氏县喜结连理。在他们共同生活的十几年里，夫妻二人恩恩爱爱，相濡以沫。

结婚前，徐俊雅想绣一对鸳鸯枕头，但因时间太赶，只绣出一个。别人劝她，不能为此拖延婚期，况且一个枕头上已经有两只鸳鸯。焦裕禄去世之后，徐俊雅在数十年守寡的岁月中，总会懊悔当年，觉得当初只绣一个枕头不吉利，责怪自己为什么没有把两个绣完。“那是我一辈子最后悔的事。”徐俊雅后来回忆说。

后来焦裕禄去世后，徐俊雅最怕过节。每逢过节，徐

河南省开封市尉氏焦裕禄事迹展览馆。（摄于2014年7月）

俊雅都会以泪洗面，常常哭得背过气，以至于徐俊雅老年时眼睛很不好，不哭也会流泪。

按上级要求，焦裕禄开始了当地的征兵工作。由于时间紧，任务重，焦裕禄经常没吃完饭就出来了。他随身携带铅笔和本子，还带着报纸，以便及时把党的指示精神贯彻到群众当中。

无论在田间地头、房屋，还是街道旁，焦裕禄都在宣传征兵工作："眼下国家正是用人之际，各家都要踊跃报名参军，这是国家长治久安的百年大计，没有国防，没有军队，国家啥时候能兴旺？国家兴亡，匹夫有责。”

通过写材料，作汇报，记名单，入户调查，有针对性地开展周密、细致的工作，当年大营区高质量、高标准完成了全区的征兵任务。

1950年，焦裕禄在尉氏县工作，根据他的建议，县里举办了土改训练班。培训内容主要是：土改政策、土改方法、土改目的和土改作用等。

参加人员来自全县的各个区及机关单位。在这批学员当中，有个叫毛世功的同志，他曾是县委书记赵仲三的警卫员。

毛世功是一个贫苦农民家的孩子，只读了三个月的私塾就被迫辍学。

他走上工作岗位后，一直勤奋学习，积极向上，很想提高自身文化水平，可是平日工作较忙，识字、学习的时间较少。这次他来到焦区长的土改训练班，觉得正是识字长知识的好机会。

这天傍晚，他来到焦区长的办公室，窗户里透出灯光，隔着窗户往屋里看，只见焦裕禄披着灰粗布棉袄，正手拿着针线缝补衣服呢。

毛世功轻声喊道：“焦区长，焦区长！”

焦裕禄放下手中的针线，站起身去开门说：“是小毛呀，快进来。”

焦裕禄问小毛说：“是不是今天听课的时候，又遇到不懂的问题？”

毛世功说：“焦区长，你讲课时说打土豪、分田地，土豪是啥意思呀？”

焦裕禄便耐心地讲解："土豪原来是指地方上有钱有势的家族，现在是指农村中有钱有势的恶霸，常说的还有土豪劣绅，他们依仗官僚资产阶级和封建反动势力，欺压穷苦百姓，我们劳苦大众就是受他们的剥削。"

毛世功连说："我懂了，我懂了。"

焦裕禄意味深长地说："小毛呀，今后咱还要学习很多知识呀，有听不懂的地方就来问我，我不会的，咱俩就一起再去找其他老师请教。"

"行行，今后我还来向您请教。"毛世功说。

焦裕禄继续说："咱们共产党人在毛主席的领导下，就是要带领广大贫苦人民打倒土豪劣绅，没收他们侵吞人民的土地，归还给老百姓，让天下的穷苦百姓有地种，有衣穿，有饭吃，有房住，过上幸福的生活。"

"焦区长，跟着您，我能听到很多新鲜词，学到很多新知识。"

"小毛呀，"焦裕禄拍拍毛世功的肩膀说："我们都是穷苦人出身，识字不多，你现在还很年轻，头脑灵活，学东西快，希望你以后多读书，多识字，多学习，将来在建设祖国时，发挥自己的才能。"

毛世功点点头说："焦区长，我一定牢记您说的话，将来为祖国和人民的事业发展作贡献。"

焦裕禄又关心地问："今天学习土改政策，记得怎么样？"

毛世功从兜里掏出笔记本说："焦区长，我记录得不好，请您多提批评意见。"

焦裕禄接过笔记本，前前后后、仔仔细细地看了一遍，然后说：“你进步多了，比以前记得更全面，更认真了。”

土改训练班还有一个叫王小妹的，是焦裕禄早期树立的一个妇女先进典型，焦裕禄利用闲暇时间找到王小妹谈话。

“王小妹，你变化真大啊，我差点认不出来了。”

“焦区长，谢谢您的关心。”

焦裕禄语重心长地说：“你现在已经不是小孩子了，而是党培养的干部，回到家乡，要带领乡亲们勤劳致富。”

“我们那里也成立了互助组，我任组长。”

“你当组长，应该多为大家服务，依靠人民群众，和他们同甘共苦，要知道我们党是为人民办事的，你应该多做出些成绩，当个好干部。我们搞土改，就是要和地主阶级作斗争。”

焦裕禄为了锻炼王小妹，培养她成为一个全面的合格的干部，在训练班上，有意让她发言，介绍劳动生产经验。

王小妹毕竟来自农村，刚参加工作不久，胆子小，不会讲话，但是为了工作还必须开会发言。

焦裕禄便亲切地教王小妹如何开会发言，哪一点有问题，哪一点讲得不详细，他都一点一点地给王小妹提出来，努力培养她。

从1950年11月初开始，焦裕禄和殷克敬到大营区门楼任乡负责土改工作。

焦裕禄每到一处工作，都要详细了解干部任职表现、群众基础等情况，如哪家最富，哪家最穷，谁最积极，叫啥名字，性别年龄，家庭状况，焦裕禄都摸得一清二楚。

焦裕禄和蔼可亲，走到哪儿都与群众打成一片，总有许多男女老少喜欢和他谈家长里短的。

焦裕禄在尉氏任县委副书记时的办公室。（摄于2015年1月）

焦裕禄不但会讲革命道理，而且会吹拉弹唱。他最拿手的是《白毛女》和《血泪仇》，他演唱起来不知疲倦，人们总爱围在他身边。

焦裕禄经常天没亮就起床，叫起殷克敬一同下乡，向群众宣传党的政策，发动群众发展生产。

焦裕禄在工作之余经常教殷克敬读书，给他讲解革命道理和为人民服务的故事。

焦裕禄每到一处，都深入群众，门楼任乡的15个村庄的情况，他都了如指掌。焦裕禄总是把穷苦百姓的疾苦冷暖挂在心上，刮风下雨，别人往家里跑，他却往外跑。

1950年农历12月的一天，刺骨的寒风刮着，鹅毛大雪下着，焦裕禄带着殷克敬在寒风雪路上走东家、串西家。

每到一个村子，焦裕禄听完干部汇报情况后，都要找贫困户察访一番。

在走乡串户途中，焦裕禄脚上穿的一双破布棉鞋，“管”不住两只脚，老是掉，没法子，他干脆找来两根麻绳儿，连鞋底鞋帮一同绑在脚上。

来到村里王大娘的茅草屋时，焦裕禄握着大娘的手说：“大娘，我们看您来啦，您生活咋样，平时都有啥困难？”

王大娘激动地说：“共产党的干部就是好，下这么大的雪还来看我。”

当了解到王大娘缺吃少喝时，焦裕禄便嘱咐殷克敬送些粮食来。

焦裕禄一行又来到搭着草棚的农户家，焦裕禄进门看见一位老人，就喊：“老大爷，生活过得咋样？有啥困难？”

这位蔡大爷还不知他是区里的干部，问：“您是干啥的呀？下这么大的雪来干啥？先到屋里暖和一会儿。”

焦裕禄和殷克敬便进了蔡大爷屋内，焦裕禄掀开锅盖，打开面罐，仔细看了一遍。当得知这位就是焦裕禄区长时，蔡大爷感动得热泪盈眶，不知该说什么才好。

焦裕禄就这样风里来雪里去，走村串户，和贫苦群众一块吃粗茶淡饭，饭后还马上付钱。

焦裕禄常穿着一身破灰布的中山服，披在身上。他自己随身带着针线包，衣服破了，自缝自补，同志们的衣服破了，他也总是帮忙缝补。有一天晚上，焦裕禄检查工作回来，虽然已经很累了，但他却叫殷克敬把衣服脱下来。

殷克敬不知何故，问：“你叫我脱衣服干啥？现在还没到休息时间。”

焦裕禄关心地说："你的衣服有两处破了，我帮你缝缝。"

"那让我用你的针线自己缝一下算了。"

焦裕禄却总能找出帮人的理由："来吧，你没有我缝得好。"

拗不过焦裕禄，殷克敬最终还是把衣服脱下来让焦裕禄缝补了。

焦裕禄经常帮助别人，可自己总是不愿麻烦别人。

焦裕禄和爱人徐俊雅住在一间简陋房子里，也是艰苦度日，经常缺烧缺吃的。

殷克敬就和同事从地里抱来一捆柴火，帮助一下妊娠反应很厉害的徐俊雅。焦裕禄却不同意，他严肃地说："同志，这就是你们的不对了，不应该把柴火放到俺家。小殷，去称称多少斤，记上账，该付多少钱，我付多少钱！"

"焦区长，您太客气啦，一捆柴火，还给啥钱？"

"同志，这不是客气，是纪律，我不能违反。"

焦裕禄就是这样严格地遵守党的纪律，门楼任的群众都深深地敬爱他，人们有话愿意和他说，有事愿意向他请教。无论白天晚上，无论男女老少，只要焦裕禄一回来，总有许多贫农来找他拉家常；如果焦裕禄哪天到县里开会去了，三两天回不来的话，人们总是念叨："焦区长咋还不回来呢？"

焦裕禄开会讲话，群众愿意听，而且是越听越想听，越听人越多。

焦裕禄深入群众，注意解决矛盾。有段时间，群众对基层干部偷吃偷拿花生种子意见很大。为此，焦裕禄专门召开会议，教育干部说："眼下正是农民群众恢复生产的时候，农民缺少种子，有些干部反而偷吃偷拿，农民还靠啥种地？"通过焦裕禄对这些干部的严厉批评、教育，扭转了干群关系紧张的局面。

一天，他又给大家讲如何镇压恶霸、如何搞土地改革、为劳苦大众撑腰做主，让百姓过上好日子的话题。

最后，焦裕禄讲起了共产党的土改政策，他说："老乡们，这次我们搞土改，最终要让咱穷苦百姓过上好日子，达到'三无四有'。'三无'，就是无压迫、无剥削、无饥饿；'四有'，就是人人有饭吃、有衣穿、有房住、有地种。共产党就是要帮助穷苦百姓过上幸福生活，到那时人人有馍吃，有好衣服穿，楼上楼下电灯电话，耕地用机器，磨面浇地自动化。"讲到这时，男女老少个个听得欢欣鼓舞，拍手叫好。

一天，焦裕禄找到殷克敬问："小殷啊，你想不想加入中国共产党呢？"

"想呀，我早就想加入共产党了。"

"光想不行，还得有具体行动，必须履行手续，本人自愿申请，经组织考查批准，才能成为一名共产党员。"

"我回去就准备。"

过了一段时间，殷克敬主动提交了入党申请书。

焦裕禄从区党委开会回来，对殷克敬说："小殷啊，我正要告诉你呢，区党委研究决定，同意你入党了，你看，我给你带来了正式表格。"

"焦区长，谢谢您，您太关心我了！"

"不用谢"，焦裕禄接着说："小殷啊，入党后更要全心全意为人民服务，要一辈子甘于做人民的勤务员，为共产主义奋斗终生。”

“焦区长，您放心，我一定做到！”殷克敬激动地回答。

“小殷，我再问你，当党和人民的利益同你自己的个人利益相抵触时，该咋办呢？”

“个人利益服从党和人民的利益！”

焦裕禄接着说道：“个人利益要绝对服从党和人民的利益，无论何时何地，党和人民的利益都高于一切。”

“我保证做到！”

焦裕禄又说：“小殷，今后你要勤奋学习，要为党多做工作，生活要俭朴，希望你做一个好党员，不要辜负了组织对你的期望。”

就这样，在焦裕禄的关心和帮助下，殷克敬光荣地加入了中国共产党。

本章结语

阿基米德说：“给我一个支点，我将撬动整个地球。”一位教育家说：“给我一声鼓励，我能改变整个世界。”焦裕禄爱憎分明，对于工作踏实、为百姓排忧解难的同志，他从不吝啬自己的鼓励。一方面，给予优秀干部以表扬和认可，关心他们的成长与发展，使其干有奔头、心情舒畅。鼓励的话语，能够激发正能量，就像一阵和煦的春风，能使上进的人更加勤奋。另一方面，坚持正负激励并用，赏罚分明、奖惩并举。对于我们今天如何带好队伍，发扬团队凝聚力，仍有重要意义。

第二十章

奔赴洛阳

革命者要在困难面前逞英雄。干革命就得敢闯！成功了，有经验；失败了，有教训。只要敢闯，就能从困难中杀出一条路来。

——焦裕禄

阅读提示

祖国的经济建设，需要的是实干家，需要有全心全意为人民服务的精神。面对恶劣的自然环境和艰苦的工作条件，焦裕禄同志发愤图强，自力更生，艰苦创业，克服困难，深入到劳动一线，和革命同志团结在一起，以饱满的热情投入到工作当中去，投入到祖国的经济建设当中去，成为工业战线上的旗手。焦裕禄同志这种“革命者要在困难面前逞英雄”的大无畏精神，是中国共产党人知难而进、迎难而上的宝贵品格。

1951年4月13日，焦裕禄同志（后排左三）欢送袁副书记留影。

1953年，祖国大规模经济建设开始，全国人民在社会主义工业化的大道上迈出矫健的步伐，党从各条战线上抽调大批优秀干部，派往工业战线。

1953年6月，时任共青团郑州地委副书记的焦裕禄被党组织选调到洛阳矿山机器厂，他满怀豪情，准备在工业战线上大干一番。

1953年6月，焦裕禄同志在洛阳矿山机器厂办公楼前留影。

31岁的焦裕禄，瘦高个，黝黑的脸庞显得有些消瘦，可他有着劲松般的挺拔姿态，有着白杨昂首云天的气概。他那两条浓黑的眉毛饱含着坚韧的神情；额上一条条深深的皱纹蕴藏着革命的智慧，显示出岁月的艰辛。目光炯炯有神，使人感到他是位工作有冲劲又虚怀若谷的实干家。

洛阳矿山机器厂厂址建在洛阳涧西。由于工厂刚刚建设，连条像样的土路也没有，更不要说柏油马路了。

职工进进出出，陈旧的职工宿舍旁是几处稀疏的民舍和一望无际的麦田。

工地生活条件很艰苦，住的房屋大都是借用当地村民的，还有一些是工人自己搭的席棚；吃住办公都在一个地方，遇上雨天，外边下大雨棚内下小雨，工人只有冒雨往返工地。

要建设工厂，需要大批各种各样的物资，粮食和日用品需用汽车从几十里外运来，由于交通困难往往不能按时

阅读提示

在革命战争年代，注重通过思想政治教育来提高党员干部的思想觉悟以及革命积极性，这是我们党的优良传统和重要法宝，这一方法也被焦裕禄广泛运用于建设年代。建国初期，焦裕禄不管在哪里任职，总是非常注重以思想政治教育为抓手和切入点，来提高党员干部以及群众的社会主义建设积极性，这在尉氏、洛矿和兰考都有生动体现。本章叙述了焦裕禄在洛矿工作的一些细节，有助于我们进一步了解，焦裕禄为什么能在洛矿期间带领大家不断攻克难关、创造奇迹，也对党员干部在新的条件下如何更好地开展群众工作、不断开创工作新局面，有着重要的借鉴意义。

运到，修路成为当务之急。

当时外地来洛阳搞建设的年轻人，编了一句顺口溜：“电灯不明，马路不平，电话不灵；说洛阳人穿胖腿裤，房屋太陈旧，出门逛市场，啥子也没有。”还说：“想洛阳，盼洛阳，来到洛阳太荒凉。”焦裕禄根据这种状况也编了个顺口溜说：“面朝黄土背朝天，一把扫帚一把锨，为了早日建成厂，再苦再累心也甜。”

小张是一位家住上海，毕业于复旦大学的青年技术员，他初来时壮志凌云，豪情满怀，可时间不长思想就动摇了。

他不安心在洛阳搞建设，还想着调回大城市，由于受不了洛阳的艰苦生活，他借出差的机会到了上海就不回来了。针对小张这种无组织、无纪律的行为，许多同志说把他开除算了，也好给那些不安心工作的人看看。

焦裕禄坚持给他一个改正的机会，他耐心地解释说：“我们要正视现实，现在洛阳确实比较困难，市场上连一块面包也买不到，同志们经常在工地上忙来忙去，连自来水都喝不上，只能喝集雨水窖里的水。像小张这样的青年，由于长期生活在大都市，暂时还不习惯艰苦的环境。对于这样的同志，我们应该采取帮助的办法。小张当初来时还不错，是一位高材生，而且是自愿报名来的，现在思想反复了，大家要帮助他，国家培养一个大学生不容易。咱先发信后派人，给他一段时间考虑，耐心地等待。”

团组织的动员信很快寄到上海，几天后，小张带着挨批评受处分的思想包袱回来了。在焦裕禄的动员下，工厂开了一场非常热烈的欢迎会，小张怎么也没有想到，车间附近还贴着欢迎他归来的标语。

欢迎会上，焦裕禄亲自致欢迎词，他首先肯定了小张前一段时间的进步表现，然后帮他分析了出差不愿再回洛阳的思想根源，接着焦裕禄谈了对他今后寄予的几点希望。

小张听完焦裕禄的讲话，真诚地作了检讨，表示今后坚决努力工作，不辜负全厂职工对他的期望。

还有一位青年不安心工作。他在当地过惯了优裕的生活，到洛阳后照样是钱到手烟到口，不知节俭，常常因为生活困难和爱人吵架，并将情绪带进工作，以致影响了生产。

焦裕禄了解到这一情况后，有针对性地对这位青年进行耐心帮助，教育他如何适应各种环境，培养和锻炼自己的生活自理能力，同时还通过工会帮助他解决临时困难。在焦裕禄的关心和帮助下，这位青年端正了思想，在工作上有了明显的进步，后来还上了光荣榜。

后来因工作需要，组织上任命焦裕禄担任洛阳矿山机器厂基建科副科长，在紧张的基建工程建设中，他吃在工

阅读提示

焦裕禄始终以诚待人，怀着无比深厚的感情对待同志，认真履行“班长”的职责和使命。他充满了革命的乐观主义精神，善于从恶劣的环境中、严重的困难中看到希望，激发同志们的工作热情。焦裕禄用坚定的革命意志武装头脑，用正确的领导方法带领同志干事他业，用一丝不苟的敬业奉献精神创造性地开展工作。

地、睡在工地，日日夜夜奔波在工地上。他不仅帮助解决工程中出现的问题，督促施工进度，检查工程质量，哪里工作最艰苦最繁重，焦裕禄就出现在哪里。

1953年夏，焦裕禄负责抢修一条从金谷园车站直达建厂工地的临时公路，这是一项非常艰巨的任务。

修路指挥部就设在一个仅有五户人家的小村庄，好几百名工人和干部，都集中在这个小村子里，临时搭建的工棚也挤不下。焦裕禄就提出把工棚让给工人，干部睡露天觉， 并且他带头睡在荒郊野地里，并风趣地说：“天下到哪里找这样大的房、这样大的床。”

有些同志抱怨修路的条件太艰苦。焦裕禄理解大家的心情，谁思想上有了疙瘩，有了不愉快的情绪，他都主动找谁谈心。当他发现一些同志情绪不稳定时，便及时召开会议。他说：“目前，摆在我们面前的确有许多困难，出路是靠大家横下一条心，用自己的智慧和汗水勇敢地解决困难。”在他的影响和带动下，大家都积极投入抢修公路的战斗中。

厂里把联合修建临时公路和桥梁的任务交给焦裕禄。焦裕禄接到任务后，卷起铺盖，用草绳一捆，就搬到建设工地上。在他和同志们的努力下，很快在涧东通向涧西的涧河下游建起一座木质结构的浮桥。

有一天，突然下起了倾盆大雨，眼看浮桥有被冲垮的危险。险情就是命令，焦裕禄把裤边往上一卷，拿着铁锨冲进雨中。

职工张兴霖也顺手抓起一把雨伞，紧紧跟在他身后。外边不停地下着大雨，地上一片泥泞，有些低洼处积水已有一尺多深，焦裕禄艰难地行走着，脚上一只鞋掉进泥潭里，他全然不顾，干脆把另一只鞋脱掉继续行走。走近一看，只见涧河岸的几根檀条已被洪水冲走，新建起的浮桥，在洪水猛烈的冲击下岌岌可危。

看到这种情况，焦裕禄转过脸焦急地对张兴霖说："快把干部、民工都叫来！"

张兴霖便急忙转身向工棚跑去，在风雨中叫来了干部、民工。他们到来时，只见焦裕禄一个人在河水里捞木板。

经过一个多小时的奋战，终于把水中的木板全部打捞上来。回到工棚后，不知大家是身子疲惫还是心情不快，一个个低头不语，焦裕禄见此情景，就让大家唱歌活跃一下气氛，他提议唱一首《歌唱祖国》。开头的一句是："五星红旗迎风飘扬。"他领唱了几遍还是没人唱，原来大家都不会唱，逗得大家都乐了。

在施工时，焦裕禄总有忙不完的任务，常常一身汗，一身泥水，一脸尘土。基建工程顺利进行，大批机器设备陆续运到工厂，厂房里放着一箱箱机器，等待安装。这些机器设备紧紧地揪住了焦裕禄的心。为了看管好这些机器，他搬到厂里来住，每天一早一晚，总要围着机器箱转几圈。焦裕禄以身作则，处处为群众作表率，极大地调动了广大职工的生产积极性，有人感慨地说："像老焦这样的好领导，我们打心眼里服气！"

本章结语

一个个鲜活的事例告诉我们：学习焦裕禄精神，贵在俯下身子、深入一线、真抓实干。一分耕耘一分收获，只要真抓实干，就没有克服不了的困难。日积月累，久久为功，就足以改变一切。时至今日，人们之所以仍对焦裕禄念念不忘，就是因为他踏踏实实干了很多实事，给党和人民的事业带来实实在在的变化。榜样的力量是无穷的，学习焦裕禄重在弘扬"实干"精神。焦裕禄躬身一线、深入群众的作风与形象，依然鲜活生动，深深印刻在人们的心中。

第二十一章

奉命深造

工作是人干的，每个人的行动又是受思想支配的。所以，无论在什么时候，做什么工作，都要把思想工作抓好。只要记住这一条，我们当领导的就能把工作搞好。

——焦裕禄

阅读提示

20世纪50年代，新中国的经济建设进入快速发展时期。由于建设形势的需要，焦裕禄放下枪杆和锄头，拿起了笔杆和书本，通过钻研学习，焦裕禄很快成为一名掌握专业技能和业务知识的工业战线行家里手。在哈尔滨工业大学学习和大连实习期间，他如饥似渴地学习科学文化知识，虚心求教，钻研业务技能，努力使自己成为一名新中国工业建设的创业者。在哈工大学习期间，虽然焦裕禄他们几个只有小学文化程度，学习起来异常吃力，但当有人想要放弃时，焦裕禄却坚定地说："我们一定要克服困难，实实在在地学习好工业管理知识。现在国家要大办工业，我们要为国家、为新中国出点力！"在焦裕禄的带动和鼓励下，几位工农干部很快赶上了其他同学，终于全部考试合格。

自从调到洛阳矿山机器厂以来，焦裕禄就一直以高度的责任心和使命感对待每项任务，但是新的工作也给他带来一些苦恼。他想："党派我来搞工业建设，我应该坚决搞好，可如何搞好呢？不懂业务、技术，单凭热情怎么能搞好现代化的生产呢！"

1954年初春，党和政府决定筛选一批年轻干部送到重点大学深造，为发展工业培养一批技术人才。为落实这一精神，洛阳抽出100多人去上海交大、哈工大、沈阳财经学院等院校学习。

1954年8月，焦裕禄等5人，被送到哈尔滨工业大学学习。

焦裕禄来到哈工大后，被安排在南岗宿舍。校领导给

1954年焦裕禄进修时的哈尔滨工业大学。（摄于20世纪50年代）

他们介绍了教学计划，他们要先学习速成中学课程，达到高中程度后，再编入大学本科班学习。

焦裕禄只有高小文化程度，学习起来倍感吃力，但是他不甘落后，利用晚上休息时间进行自学补课，刻苦钻研科学文化知识。每天下课后，从来不外出闲逛，而是坚持把当天的知识点吃透。有时一些数学题实在弄不懂，他便问室友，如果室友也不会，他就把问题带到课堂上请教老师。由于他勤学好问，数理化课程很快赶上了学习成绩优秀的同学。

有一次，学校组织同学们到大连起重机厂参观，大家对工业产生了浓厚兴趣。当技术员给他们讲解工艺图纸时，看着图纸上那纵横交错的线条和奇形怪状的符号，不少同志感到了困惑，焦裕禄也有同感。为了解决自身困惑，他不但更加刻苦地学习，而且还经常向有经验的老工人请教。

有一次，焦裕禄遇到一个难题。他去餐厅吃饭时遇到一名技术员，于是，便虚心地向其请教。等将问题弄清后，窗口已停止打饭了，他笑着说："这个问题我终于弄清了，不吃饭也值。"焦裕禄就是凭着这股钻劲，学到了很多知识。

和焦裕禄一同到哈工大学习的，有一位叫石青的同学，因家里来信说七旬老母生病，没法照管孩子，以致产生了思想波动。焦裕禄知道后，主动找他谈心说："过去，我们因受压迫而没条件上大学，现在党出资培养我们，学成后还能建设自己的祖国和家园。你不安心学习怎能对得起党？"这位同学听后心悦诚服并安心学习了。

在哈工大不知不觉过去了几个月，哈尔滨的天气渐渐冷了，和焦裕禄同班的一位同志只带了一条毛巾被，晚上常常被冻醒。焦裕禄听说后，就与他同来的几个人商量，把他们睡的床并在一起，腾出一条被子，解决了那位同学的困难。

这一年冬天，流行性感冒比较严重，许多人病倒了，焦裕禄冒着被传染的风险，逐人走访问寒问暖。焦裕禄这种助人为乐的精神，感动了许多同学。

在大连起重机厂机械车间实习期间，曾有一段时间，厂里规定每天留下实习人员和技术人员各一人轮流值班，任务是协调处理两班生产中出现的问题。

一天又轮到焦裕禄和小赵值班，深夜12点该交班回家休息了。焦裕禄同小赵商量说："小赵，今夜请你教我学俄语字母。"焦裕禄不懂俄语，连图纸上简单的工艺文字都不认识。他认为，学习管理和技术知识不能一知半解，否则不能指挥好生产。

小赵答应后，焦裕禄又说："今夜我的学习计划是学会所有俄语字母，学不会不休息。"

焦裕禄就这样一直坚持学到凌晨，终于学会了全部俄

1956年9月9日焦裕禄（前排左三）与大连起重机厂机械车间员工欢送援建内地三名工人的合影。

语字母。

有一次，焦裕禄问大连起重机厂的一位同志："要学会工厂中的这些管理业务，得多长时间？"

"有一两年大致可以摸到点儿门。"

"一两年？"焦裕禄吃了一惊，他觉得摆在面前的是一个崭新的课题，他衡量一下自己的条件，心里忐忑不安起来。

夜已经很深了，焦裕禄还在仔细地阅读毛主席著作："繁重的经济建设任务摆在我们面前。我们熟悉的东西有些快要闲起来了，我们不熟悉的东西正在强迫我们去做，这就是困难。"

焦裕禄暗暗地嘱咐自己："我要钻进去从头学习，在中国共产党人面前，应该拿出战争年代的劲头，克服学习中的一切困难，迅速掌握工业管理知识。"

第二天，在一次谈心会上，有位同志说："唉，过去我们一直在农村工作，咋能学会管理这么大的工厂？"

焦裕禄语重心长地说："管理工业这门学问，我们过去谁也没沾过，暂时遇到困难，这是自然的。只要我们下定决心，抱着老老实实学习的态度，是一定可以学会的，有党的领导，天下都能打，还学不会一套工业管理知识吗？"话虽不多，但把大家的心劲儿鼓起来了。

焦裕禄在学习工业管理的过程中，付出了艰辛的努力。

清晨，大连港湾的薄雾还未消失，他就早早地来到车间开始新一天的工作。他整天和工人们一起劳动，问这问那，工人们议论说："这位车间主任真像个老八路，对人热情大方，没有架子，学习上有刨根问底的劲头。"

有时，工人在车床边操作，他就像个学徒一样，站在一边给工人打下手，为了弄懂制造一个零件的工艺流程，他跟着零件跑遍十几台大小机床，不把每一道工序的加工情况摸透，他就不吃饭；图纸看不懂，他就带着图纸下车间，对着机器上的零件学，弄不清图纸的每一个细节，他就不离开车间。

有一天已经是夜里10点了，焦裕禄还登门向一位老师傅求教，请他讲解怎样以火花来鉴别钢材的材质，这种好学精神深深地感动了他，老师傅立即戴上老花镜给焦裕禄讲了起来。没想到第二天一早，焦裕禄就拿着一块钢片，又找到这位老师傅，请他做试验。老师傅走到砂轮边，一边磨，一边讲。焦裕禄又从衣袋里掏出了另一块不同材质的钢片，老师傅把这块试验完，焦裕禄又掏出了一块。这一下，可把老师傅逗乐了，他风趣地说："裕禄，你那衣袋真是个万宝囊啊！"

焦裕禄谦虚地说："老师傅，真正的万宝囊在您的心里哩！"

大连是个景色秀丽的海滨城市，焦裕禄却很少到大街或公园去游玩。平日里，他不是在车间里钻研，就是在寝室里苦学。

阅读提示

不甘落后、勇于开拓是焦裕禄的重要品质。焦裕禄深知被派到大连起重机厂学习所承担的重要责任，深知新中国的建设急需各种人才，所以他不敢有丝毫懈怠，刻苦钻研工业管理知识，从不认输，从不在困难面前退缩。这种进取的精神，为焦裕禄在洛矿一金工车间施展才华奠定了基础。

在大连起重机厂，焦裕禄是实习车间主任，他除了学习一般的工艺操作技术以外，更注重刻苦学习企业管理知识，为了摸清车间生产计划的安排程序，每当计划员在编排时，他常常在旁边看，有哪些搞不清的地方，等计划员编完后，逐条细问，追根究底，直到完全弄懂为止。

有一次，他要求计划员让他动手排一份计划。计划员有点纳闷地问："你是车间主任，学编计划干什么？车间主任又不负责具体编排计划工作。"

焦裕禄认真地说："车间主任管着生产，抓着计划，不会编排计划哪能行？"

编排计划的确是件繁杂的事，不仅要熟悉生产情况，而且还得了解所有机床的性能，计划员认为焦裕禄刚来几个月，不熟悉情况，编不好。

焦裕禄看出计划员的心思，就说："你在旁边看着，我编错了，你及时指出来。"

计划员欣然同意了他的要求。焦裕禄拿起笔写了起来，经过几天时间，他居然把一份生产计划编排得既细致又准确。计划员很是吃惊，心想：这个原来对工业一窍不通的人，怎么这么快就熟悉了工厂的管理工作？

经过半年的刻苦钻研，焦裕禄在初步掌握车间的一套工业管理知识后，又主动请求独立负责车间的领导工作。

当时，个别同志劝他说："你是车间主任，任务主要是管理，揽这个重担子干啥，弄不好还要挨批评！"

焦裕禄说："挨批评没什么，只要对工业建设有利我就要干。再说，有同志们的指导，现在正是锻炼的好机会。"

这样，焦裕禄以顽强的刻苦钻研精神，在很短的时间

阅读提示

焦裕禄的最大特点，就是始终坚持党和人民的利益高于一切。为了广大人民的利益，党叫干啥就干啥，干一行爱一行，干一行钻一行。无论是解放战争时期参加土改，还是在工业战线工作时任车间主任，他每参加一项工作，每做一件事情，都会全身心投入。不论在任何时候，焦裕禄始终把自己当作一名学生，虚心向群众请教。

内，就完成了党交给他的学习任务。

转眼已到1956年岁末，焦裕禄怀着无限的激情，抱着实现社会主义工业化的崇高理想，满怀信心地返回洛阳矿山机器厂，投入轰轰烈烈的社会主义经济建设当中。

焦裕禄回到洛阳矿山机器厂，担任一金工车间主任。

这时，出现在他眼前的是一座又一座高大的厂房，在耳边响起的是阵阵搅拌机的轰鸣声，看着这宏伟的建设景象，他不禁赞叹道："建设速度真快呀，离开洛阳还不到两年，厂子已建起来了。"

焦裕禄立即投入安装生产的行列里，为了使新车间早日投入生产，焦裕禄一直和大家肩并肩地打地坪，安设备，没有一样活他不干，工人身上沾多少油，他身上就有多少油。

这时新的问题又出现了，由于安装任务重，安装工人严重不足，5米立车保护电线的弯管子加工不出来，直接影响了安装进度。

"怎么办？"焦裕禄想："时间紧，任务重，安装有困难，要想尽快完成安装任务，必须抽调人力支援他们。"

在洛矿工作期间，焦裕禄（左四）和职工合影。

他决定调其他部门的工人支援安装部门，于是，他把各个工段的负责人叫到一起进行商量 。

一个工段长对焦裕禄说：“老焦，我们那儿有几个新调来的技术工人可以抽调出来，可他们不愿去搞安装咋办？”

焦裕禄说：“我去做他们的思想工作。”

焦裕禄找到那几个工人，他们正在闲谈，焦裕禄刚一开口，一个技工就说：“安装机器是安装公司的事，我们不该管他们的事。他们拖延了时间，后果由他们负责！”

几个技工七嘴八舌，议论纷纷：“安装公司是乙方，没有履行协议规定的义务，没有及时将机床设备交付甲方使用，我们应该罚他们的款！”

1953年，焦裕禄同志检查机器运转情况。

“罚他们款？”焦裕禄问：“他们是谁，你们考虑过这个问题吗？在我们国家里，建设工地的甲方和乙方都是国家的企业，都是为了建设社会主义工业化，不按期安装好设备，就会影响工作。我们是国家的主人，不能眼睁睁看国家遭受损失，大家应拧成一股绳，早日把设备装上去让机器转起来。”

焦裕禄又语重心长地告诫大家：“同志们，甲方也好，乙方也好，双方都是为了祖国的社会主义建设，乙方又不是故意拖延投产时间。”

有位技工队长觉得焦裕禄说得在理，认识到帮助安装公司是自己责无旁贷的职责。他忽地站起来，一把抓住焦裕禄

在洛阳矿山机器厂，焦裕禄同志（右二）同干部们一起认真学习工业管理知识。

的手，惭愧地说："老焦，我们忘记了自己是主人翁，咱们现在就去支援安装工作，叫干啥干啥！"

人们都称赞焦裕禄："你这一手抓得真好！"

焦裕禄说："工作是人干的，每个人的行动又是受思想支配的。所以，无论在什么时候，做什么工作，都要把思想工作抓好。只要记着这一条，我们当领导的就能把工作做好！"

本章结语

"求实求是"是焦裕禄为人处事风格的真实写照，也是他留给我们的宝贵精神财富。重任在肩，使命系身。无论对待学习还是对待工作，焦裕禄都实实在在，探求就里，深入钻研。求实之心重一分，虚假之心就轻一分。面对新知识、新技术，焦裕禄一心扑在学习上，刻苦钻研，不断提升自己。在中华民族走向伟大复兴的历史新时期，我们要把焦裕禄精神作为一面镜子，从里到外、从上到下，反复照一照自己，看看自己在思想境界、素质能力、作风形象等方面存在的问题和不足，努力向焦裕禄同志看齐，从现在做起，从眼前做起，从小事做起。

第二十二章

勇当闯将

共产党领导并依靠人民能推翻“三座大山”解救旧中国，也就一定能在这片辽阔的土地上，建设成一个伟大的社会主义工业国。

——焦裕禄

阅读提示

迎难而上，是焦裕禄精神的重要内容。学习焦裕禄精神，就要弘扬他不畏艰难、迎难而上的拼搏精神。面对革命的艰难、建设的困难，他敢拼敢闯，勇挑重担，争当中流砥柱。他曾对党组织说：“感谢党把我派到最困难的地方，越是困难越能锻炼人。”在改革开放建设新时期，面对困难和挑战，就要有披荆斩棘、勇往直前的英雄气概，“敢教日月换新天”的豪迈情怀，迎难而上、战胜困难的坚强意志。只有像焦裕禄那样，把困难转化为前进的“铺路石”，才能迎来新的、更大的发展机遇。

新中国成立初期，苏联援建我国156项大型工业项目，洛阳矿山机器厂就是其中一项。当时，我国已由革命战争时期转入到和平建设时期，党的工作重点已由农村转向城市，当务之急是要创建现代化的大型企业，安装和使用现代化的机器设备，生产成套的大型机器。面对这样的现状，有少数干部认为自己过去对革命有功，不懂技术可以吃老本。

焦裕禄不这样认为，他说：“世上无难事，只怕有心人。党叫我们搞工业，我们就听党的话，搞好工业。”他虚心学习，不懂就问。为了摸透产品性能等有关问题，他把许多产品零件绘成小图，记在日记本上，以便随时学习；为了辨别多种钢材的化学成分，他收集了不同型号钢材碎块，在砂轮上打出火花进行鉴别；为了弄清一个不懂的问题，他向老工人请教；为了提高自身管理水平，他经常读《机械工业企业管理概论》《机械制造工艺学》等书籍。

焦裕禄是一名经过党长期培养和革命实践锻炼成长起来的优秀干部。他说："拉牛尾巴是一门学问，搞工业照样也是一门学问，天下没有学不会的技术。"他还在会上讲："共产党领导并依靠人民能推翻'三座大山'解放旧中国，也就一定能在这片辽阔的土地上，建设成一个伟大的社会主义工业国。"

阅读提示

在洛阳矿山机器厂创建初期，200多名各类专业人才从上海、沈阳、大连和太原等大城市来到洛阳，支援洛矿建设。他们中的一部分人来到洛阳后，不适应这里的生活习惯，思想产生波动。焦裕禄通过在职工中开展教育活动，努力提高他们的思想认识水平，激发他们的工作积极性，增强他们的主人翁意识。在生活中，焦裕禄想方设法改善职工的生活条件，并把自己积攒下来的大米送一部分给了职工小张。

为了加快洛矿建设，国家从上海、沈阳、大连和太原等大城市，调来一批又一批的工人支援洛矿。由于这些大城市和洛阳生活水平的差距较大，全车间新调来的一些职工思想情绪波动较大。

焦裕禄意识到首先必须提高职工的思想政治水平，便与党支部书记商量，决定在全车间职工中开展一场教育活动。

大会上，焦裕禄指出："工人和干部不是台上台下的关系，而是台前台后的关系，工人在车间搞生产是当演员，干部在幕后当导演，才能共同唱好一台戏，生产出国家急需的机器。现在，国家百废待兴，百业待举，生活条件差，困难多，更需要同志们众志成城，攻坚克难。仅有领导者的决心，没有工人的努力拼搏，等于在一张宏伟的蓝图上纸上谈兵。同志们，一金工车间能不能干出个样子来，全靠大家的鼎力相助了！”一番话说得大家热血沸腾，目光中闪烁着大干一场的激情。

青年职工小张是从上海调到洛阳的，他常常抱怨洛阳的物资供应不如上海，大米太少，面粉和杂粮也吃不惯。一天下班，焦裕禄就主动同他拉家常：“小张呀，这样下去是要犯错误的，我看现在咱们的生活不错了。眼下洛阳不如上海，可是我们干革命搞建设不能怕吃苦。”几天后，焦裕禄把自己家积存的20多斤大米送给了小张。

一位从国外进修回来的赵姓青年被分配到洛矿，焦裕禄见到他亲切地同他握手致意：“小赵，欢迎你学成归来，现

焦裕禄当年在洛矿工作过的一金工车间。（2014年摄）

在祖国还在开展大规模经济建设，急需大批人才。”他指着桌子上的书籍说：“党号召我们向科学进军，外行要尽快变成内行，我只能见缝插针利用闲暇时间看点书，学点知识。小赵，今后我还得向你学习专业知识哩！”

在小赵向焦裕禄汇报了赴国外进修一年的概况后，焦裕禄向小赵介绍了厂里的一些情况，并说：“咱们厂里的基本建设已接近尾声，组织上已经研究决定，让你任跨工段总工长。在车间没有投产前，你的主要任务是协助苏联专家工作，负责车间的机床设备安装并兼做俄语翻译。”

焦裕禄接着又意味深长地说：“小赵呀，我虽然到大连起重机厂金工车间当过实习主任，向工人师傅和技术员学到些知识，但面临工业建设的新课题，那点知识远远不够。”

焦裕禄接着说：“又红又专是党向我们提出的要求，我们一定要戒骄戒躁，永远沿着又红又专的方向奋勇前进。”为了方便工作，焦裕禄将小赵和专家安排在一间办公室工作。

一天，焦裕禄满身尘土，脸上还挂满了汗珠，他是专门从工地回筹备处、向小张交待团组织工作的。

当时，焦裕禄是工程科长，组织上考虑到他此前曾任过地区团委书记，业务熟悉，临时把共青团的工作交给了他。他给小张介绍情况时是那样的认真、细致，虽然他业务很忙，但对共青团的工作仍充满热情，对青年人怀着深切的希望。

交谈中，焦裕禄注意到小张犹豫不安，他先是给小张讲了洛矿在整个国民经济中的地位、作用、发展前景，然后鼓励小张说：“在目前困难的条件下，一定要把青年团员的思想工作做好。”

小张连连点头，焦裕禄见小张明白了才把话题转开。站在一旁的党委办公室主任见他交待工作如此认真，就开玩笑地说：“老焦，你交班了，这次可脱身了。”

焦裕禄笑着说：“不，以后能管的事我交了班也要多帮助年轻干部！”接着就出门了。

焦裕禄刚迈出门，又回头对小张说：“你有事只管找我，以后厂里的团员青年会越来越多，工作有你做的。”

焦裕禄说罢转身离开办公室，小张原以为他回工地去了。谁知，一个小时后，他又回到办公室，郑重地对小张说：“目前，青年以洛阳为家、以工厂为家的思想还没有完全树立起来，明天开个团员大会，我把这个问题再强调一下，你看好不好？”

第二天，团员大会按时召开。会上，焦裕禄首先对工作表现好的同志进行了表扬，接着又亲切地对大家说：“目前国家正在进行大规模经济建设，各行各业的人才都很缺乏，今天你们第一批来到这里，明天还会有大批青年陆续来到这里。来这里干什么？就是要吃苦、出力、流汗，就是要建工厂造机器，实现工业化。你们现在很年轻，有文化有技术，将来要锻炼自己，争取成为国家的栋梁。我们今天来到工业建设第一线，就要像上战场一样，冲锋陷阵，不怕困难，不怕流血牺牲。只有这样，才算服从祖国需要，才能配得上‘共青团员’这个光荣称号。我们的工厂建设才刚刚起步，今后的路还很长，希望大家能相互比一比，看谁能取得更好的成绩。”他的讲话充满希望和激情，大家听后心情澎湃，对工作充满信心和力量。

春季，厂里举行文艺汇演，发了很多门票，车间里的职工想到了焦裕禄。小李直率地说：“焦主任，这是文艺汇演门票，给你几张吧！”

焦裕禄说：“工作忙，我没时间看。”

小李说：“那就给你的孩子看吧！”

焦裕禄严肃地拒绝了小李的提议，说：“不行，哪能这样，厂里举行文艺汇演，首先应该想到职工群众，他们从早忙到晚，辛苦为国家生产机器，更需要补充精神食粮，放松一下。”

小李后来又碰见了焦裕禄的爱人徐俊雅，便同她讲：“俊雅同志，厂里发了文艺汇演门票，给你几张，让小孩去看看吧！”

徐俊雅说：“老焦对我说过，只管让孩子吃饱、穿暖，让他们好好学习就行了，不能搞任何特殊。我要是把门票拿回去，让老焦知道了，会发脾气的。老焦常说不能以公谋私，要把‘私’字踩在脚下。”

焦裕禄总是勤勤恳恳，早出晚归。有一年寒冬的傍晚，空中飘着雪花，下班时间已过了一个多小时，别人都回家了，唯独他还没有走，恰巧这天小张也走得晚。

两人回家同路，焦裕禄说：“我去买包点心，车间有位老工人身体不好，住院了，他的母亲年龄很大，整天卧床不起，咱去看看他老人家。”

焦裕禄的爱人徐俊雅，在车间分管统计、收发资料等工作。当时，徐俊雅的孩子多，家务重，身体又不好，两腿浮肿，几乎走不成路，工人很同情她，同事小李关心她说："你身体不好，让焦主任给你换一个较轻的工作吧！"

"我不敢说呀，老焦的脾气你又不是不知道。"

后来，小李替徐俊雅求情。

焦裕禄说："小李，那不行，换工作应由组织决定。"

焦裕禄每天回家很晚，一般情况下，他总是深夜才回家。工作一忙，他就吃住在厂里，一连好几天不回家。邻居慢慢地发现了一个规律：哪天晚上他吃过饭披上大衣出门，就表示不在家睡觉了；要是他家很晚还亮着灯，就说明他在家学习。

焦裕禄生活上十分俭朴，很少吃肉，早上总是一碗稀饭一个馍。他患了重病，厂里给他买了一只鸭子，他舍不得吃，把鸭子养起来。他的穿戴也很简单，天冷了，他总是披着那件救济的破大衣。孩子穿得也很朴素，衣服大都带着补丁，有个职工说："人家当科长的都穿得很好，可你穿得还不如一般的职工。"

他笑着说："能穿上这样的衣服就不错了，过去连这也穿不上。"

他的儿子焦国庆穿的鞋子前后都磨破了洞，爱人让他给孩子买双新鞋。他说："再迁就一段时间吧，现在天气逐渐暖和了，只当是凉鞋。"

焦裕禄对子女要求十分严格，每天放学后，他都叫他们到空地上种菜。他说："让孩子从小锻炼，能增强他们的劳动观念，否则，他们就不知道粮食、蔬菜的珍贵。"

他平时还让孩子打扫房间，给厨房的炉子清除煤渣，他说："让他们从小养成热爱劳动的习惯这对他们有好处！"

有一年冬天，焦裕禄和小李等五个同志一同出差去北京，到北京站下了火车，已经是深夜了，寒气袭人。当时有的同志说:“来到首都北京，该找个像样的旅馆住下。”

焦裕禄听后说:“住什么地方还不是一样工作。”听了这句话，大家嘴上没说什么，但心里还是想找个条件好的旅馆住。

他们来到一个旅馆，进去一看，房间又黑又窄又矮，有几个同志就不高兴地说:“这怎么住呀！”

焦裕禄却说:“同志们，党交给我们的工作还没干，哪能考虑自己呢？还是先完成党交给我们的任务要紧！”

他们几位被焦裕禄说服了，但是一间房只有四张床，还剩下一个同志怎么办呢？

有的同志提议找一个单间让焦裕禄住，当即被他拒绝了。焦裕禄说:“我们都是一起来工作的，为什么要让我住单间呢？”

说罢，焦裕禄便去找服务员，请他们加个床铺，服务员说:“这房间不好加床铺，给你另找个房间吧？”

焦裕禄说：“把床铺在门口就行了。”

那服务员见他一脸认真的样子只好同意了。

焦裕禄又耐心地对同事说:“现在国家正在搞建设，我们能省一点算一点。”

在他们出差的日子里工作很忙，焦裕禄忙碌过后，总是回旅馆里和同志们一起商量工作，提出第二天的工作计划，要做什么，怎样去做，他都安排得一清二楚。

由于他们所住的旅馆比较简陋，吃饭还要去外面，为了节省时间，他总是叫同志们给他捎馍带菜。有一次同事给他捎了一角钱的咸菜，焦裕禄吃了两天还没吃完。同志

阅读提示

清廉，就是要严于律己、廉洁奉公，严格遵守党纪国法，永葆共产党人清正廉洁的政治本色和浩然正气。焦裕禄同志严守党纪法规，从不利用手中权力为自己和子女、亲属谋取任何好处。他以勤政为民、廉洁奉公的实际行动，展现出共产党人的高尚情操。在新的历史时期，大力弘扬焦裕禄精神，就要像焦裕禄那样，坚持严以修身、严以用权、严以律己，始终做到清清白白做官、堂堂正正做人、干干净净做事，始终做到立身不忘做人之本、为政不移公仆之心、用权不谋一己之私。

们问他："你这样吃能行吗？出差辛苦，该吃些好的。"

焦裕禄说："吃得不错了，我们国家还要搞建设，自力更生、艰苦奋斗，我们要从自身做起呀！"

焦裕禄用的一把牙刷是刚来洛阳时带来的，但他仍然在使用，别的同志建议他在北京买把新的。他却说："能迁就着刷牙就行了。"

在出差时，有时路程较远，可焦裕禄为了省钱，总是步行，能不坐车坚决不坐，有的同志说："坐车吧，反正回去报销。"

焦裕禄说："报销用的也是国家的钱，不能浪费。能节约一分钱，就能为国家的建设增添一份力量。"

焦裕禄常说，为社会主义建设一定要勤俭节约，哪怕是一分钱，也要节省下来。有年冬天，北风呼啸，大雪纷飞，焦裕禄从生产车间出来，看见小路旁露出一个圆钢头，他脱下棉衣，弯下瘦弱的身体，小心地用手指抠了起来。

这时，小李下班路过看到了，就问："焦主任，你在干什么？"

焦裕禄风趣地说:“这里有宝。”

小李惊奇地问:“什么宝呀?”

焦裕禄说:“你看，这里埋着一根多么好的圆钢呀!”他使劲地摇摇，还是没有拔出来，他又使劲往后一搬，圆钢头一打滑，将他闪倒，一屁股蹲在地上。

这时，小李说:“算了吧，不要拔了!”

可是，焦裕禄还是不肯放弃这根圆钢，他又找个硬东西，东敲敲，西撬撬，终于拔出一根两尺多长、直径一寸的圆钢，对小李说:“你看这根圆钢能做个大螺杆，埋在泥土里多可惜呀!搞社会主义建设应该时时刻刻不忘为国家节约。”

焦裕禄的双手冻得发红，几乎不能弯曲，但他全然不顾身上的泥土，掂着圆钢回车间去了。

本章结语

艰苦朴素、清正廉洁，是共产党人先进性的重要体现，更是焦裕禄精神的鲜明特征。焦裕禄有许多感人故事：他从不利用职权为自己和亲属谋取任何好处；他坚决反对铺张浪费、贪图享乐……这种吃苦在前、享受在后、严于律己、洁身自好的良好作风，体现了焦裕禄同志艰苦朴素、廉洁奉公，任何时候都不搞特殊化的高尚品格。

第二十三章

善用人才

路是闯出来的，我们应该闯出一条自力更生的路子来，充电机也不是什么了不起的东西，只要我们下决心搞，准能搞出来，洋的不行，搞个土的也行嘛！

——焦裕禄

阅读提示

古人云："善用人者能成事，能成事者善用人。"焦裕禄同志善用人才。在洛矿时，他非常了解职工情况，熟悉职工的优势和特长，让不同的职工都能人尽其才，发挥了每一位职工的生产积极性。

焦裕禄在洛阳矿山机器厂工作期间，有一次，一金工车间在安装机床设备，当安装工作进行到关键时刻，电瓶车没电了。

电工周学才对焦裕禄说："老焦，电瓶车如果不继续充电，时间一长，电瓶就会自行坏掉。"

"是啊，我也在考虑这个问题。"

焦裕禄面对这个情况，反复地思考着："送去充电吧，一次就得耗费很多钱财，几个小时就用完了，不划算；不继续充电吧，电瓶坏了浪费就更大。"

他把目光移到年轻的周学才身上，周学才是个朝气蓬勃、才华横溢的青年人，焦裕禄早就想把重担子压到他身上，使他能够在工作中成长得更快。

焦裕禄说："小周，你是电工，你说怎么解决这个难题？"

"要是赶紧运来个充电机就好了，也用不着咱作难了。"周学才说。

焦裕禄点了点头说："国家能拨来充电机，当然好啦，可啥时候来，咱们不好说。现在设备安装正在紧张进行，一辆电瓶车就能节省好几个劳力，时间不等人，我们不能干等啊！依我看，我们应该以自力更生的精神，来解决这个难题。”

“你的意思是咱自己造个充电机？”周学才追问一句。

“是啊！依靠自己的力量！”焦裕禄斩钉截铁地说：“路是闯出来的，我们应该闯出一条自力更生的路子来，充电机也不是什么了不起的东西，只要我们下决心搞，准能搞出来，洋的不行，搞个土的也行嘛！”

周学才知道，焦裕禄一旦决定干什么，不干出个样子是决不罢休的，他身上的这股韧劲儿，时刻感染着这位青年工人，周学才信心百倍地说：“老焦，有你撑腰，有大伙帮助，我试试看！”

在试制过程中，焦裕禄一直和周学才战斗在一起。每当小周遇到困难，焦裕禄一面帮助他树立克服困难的信心，一面又领他访师问友，请人帮助。需要什么零件了，焦裕禄总是想方设法弄到，送到周学才手里。试验失败了，焦裕禄就和他一起寻找失败的原因。就这样，他们苦战了三天两夜，经过反复试验，一架土法充电机终于试制成功了。

阅读提示

焦裕禄在洛阳矿山机器厂期间，当青年技术工人李守国与于永和因家庭出身问题在工作中受到冷遇时，焦裕禄主动找他们谈心，并利用业余时间和他们一起下棋，以诚相待，成为两人的知心朋友。青年女工张美英不小心触电，从电车上掉下来，焦裕禄在第一时间赶往医院看望，并用自己的工资买了营养品亲自送去。焦裕禄视职工为亲人，爱护职工胜过爱自己的精神，今天仍然值得我们学习。

这台自主研制的土充电机，在设备安装的关键时刻，不但解决了一金工车间电瓶车的充电问题，而且使全厂十几辆电瓶车全部开动起来。

李守国与于永和分别从抚顺重型机器厂和大连起重机厂调到洛阳，他们都是新中国第一代工人。他俩文化水平高，基本功扎实，是年轻工人中的佼佼者。

李守国的滚齿和包齿技艺精湛，于永和擅长铣床、滚齿和包齿加工，都是有名的技术能手，但他俩却因家庭出身和社会关系受到冷遇。焦裕禄便主动找他俩谈心，并利用业余时间，和他们一起下棋娱乐，在不知不觉的交往中得到他俩的信任和友谊。从此以后，他俩一心扑在工作上，为洛矿培养了许多技术能手，并成为厂里的生产主力军。

焦裕禄在担任车间主任时，一位团员工人春节回家探亲，逾期不归。当时，车间生产任务很重，许多同志对此不满，提出要处分他。正在这时，那位团员工人回来了，焦裕禄热情地上前和他握手，并关心地问："春节过得好吗？家里老人身体都健康吧？"

这位青年自知旷工有愧，顿时窘迫不堪，结结巴巴地说："焦主任，我错了，我不该留恋家庭。"

焦裕禄婉转地说："你回宿舍休息吧，一路上够辛苦的。"晚上，焦裕禄找他谈了很长时间，说："你是个团员，要带头遵守规章制度，好好工作，将功补过。"后来这位青年进步很快，还入了党。

焦裕禄关心爱护每一位同志，视他们为自己的兄弟姐妹。青年女工张美英不小心触电从正在作业的电车上掉下来，处于昏迷状态，被救护车送进医院。焦裕禄得知这个消息后，第一时间赶到医院，对正在救护的医务人员说：“谢谢你们，张美英出了工伤事故，拜托你们一定要尽全力抢救她！”

经过6个多小时的紧张抢救，张美英终于脱离生命危险，焦裕禄又嘱咐医生要精心护理。张美英的伤势一天比一天好转，焦裕禄又用自己的工资买水果和营养品看望她，鼓励她振作精神，好好养伤，张美英对此感动不已。不久，张美英恢复了健康，出院后马上重返工作岗位，她工作更加积极，此后，多次被评为先进工作者。

从这件小事上，职工们感觉到：焦裕禄视职工为亲人，爱职工胜过爱自己。

阅读提示

创新是一切工作前进的动力源泉。焦裕禄同志不死抠“本本”，敢于从实际出发，善于运用创新思维指导具体实践的品质，体现了他“吃别人嚼过的馍没味道”的求实作风和探索精神。焦裕禄同志在困难面前不退缩，通过创新探寻道路的工作方法启示我们：必须增强创新意识，敢于突破条条框框，不断提高解决问题、推动工作、促进发展的能力。

洛阳矿山机器厂在离心力浇注实验时遇到巨大困难。为此，焦裕禄找到技术员于盛华和李帅英说：“你们都是搞钳工的，能不能来个双结合，突破这个轴瓦关？”

其实，于盛华和李帅英已找到办法，但没有贸然提出来，经焦裕禄这么一问，于盛华马上说：“老焦，这两天，我们一直在琢磨这个问题，还翻阅了许多资料。据各方面资料看，有两种方案：一是压力浇注，这种办法得有密封箱和煤气设备，这种方案在咱们这儿行不通；另一种方案是离心浇注，我们车间完全可以采用，只是轴瓦太大。离心浇注这种瓦，国内还没有先例，我们恐怕试验时出问题，正想找您商量呢！”

焦裕禄兴奋得紧紧握住他俩的手说：“你们既然找到了办法，就应大胆地提出来，试验一样新东西，出点问题，失败几次，这是正常的事，像上回试制土充电机，虽然中间失败了几次，最后还不是搞成了吗？你只管干下去，有什么困难，我一定帮助解决。”

“我们想先在一台车床上试验一下离心力浇注。”于盛华急切地说。

焦裕禄沉思片刻，然后严肃地说：“你们应该开动脑筋想尽办法，力求把安全措施搞得更完善。机床是国家的财产，一定要保证安全！”

党总支和车间领导经过认真研究，并征求了各方面的意见，认为于盛华、李帅英提出的计划是切实可行的，决定先在一台机床上进行离心力浇注试验。

这一天，党总支书记赵翔九和车间主任焦裕禄亲自来到车床边。车床开动了，随着进度的加快，于盛华和李帅英两位技术员的神经也绷得越来越紧。当转速达到每分钟400转时，滚热的钨金开始向瓦里浇注。这时候，几乎所有在场的人都为这个试验捏了一把汗，他们一直等到轴瓦冷却，浇注在瓦壁上的钨金紧紧地粘合住，才松了一口气。

离心力浇注的试验成功了。这次成功，更加坚定了于盛华和李帅英两人试制离心浇注机的信心，他们找来各种材料，请求焦裕禄批准加工成离心浇注机上所需要的零件，焦裕禄立即召集工段长以上参加的工作会议，动员各工段来支持自制离心浇注机的工作。一个星期后，各种零件都加工出来了，经过多次试验，一台崭新的离心浇注机终于问世了。经过检验，浇注的轴瓦完全符合质量标准。

本章结语

焦裕禄同志在留给我们宝贵的精神财富的同时，也留给我们一套科学的人才观。“人才是第一资源”这个认识早已获得共识。但是要真正做到“人尽其才”，就要学习焦裕禄同志，通过深入细致的思想工作，帮助解决人才生活和工作上的困难，为他们安心工作、施展才华打下牢固的基础。在全球化的历史境域下，我们在引进人才、使用人才、管理人才上，就要以焦裕禄为榜样，不断优化人才的生存和发展环境，以事业留人、待遇留人、感情留人，通过开拓创新，不断开辟新的发展路径。

第二十四章

“五一”献礼

国外有的，我们要有；国外没有的，我们也要有。只要听党的话，敢想敢干发扬自力更生精神，我们就能登上世界先进科学技术的高峰。这是我们厂试制的第一台大型卷扬机，我们交给国家的产品，一定要达到高质量，绝对不能凑合！

——焦裕禄

第二十四章 “五一”献礼

阅读提示

“有的人，骑在人民头上：‘呵，我多么伟大!’有的人俯下身子给人民当牛马……他活着别人就不能活的人，他的下场可以看到；他活着为了多数人更好地活着的人，群众把他抬举得很高，很高。”

臧克家先生的这首诗，写出了人民公仆的真正内涵。焦裕禄就是这样一位好党员好干部。他始终坚持从群众中来、到群众中去，一切为了群众，一切依靠群众，把人民群众放在心中最高位置。

1958年春，洛矿党委发出“边基建，边生产，试制2.5米双筒提升机，向‘五一’节献礼”的号召，在试制过程中，一金工车间负责双筒提升机（又叫卷扬机）主要零件的生产任务。

当时时间紧，任务重，面对技术难度大的新机器，对于经验不足的焦裕禄来说，出现很多困难。他为解决生产中的一个个难题，不停地奔忙着。在这一段时间里，他把铺盖搬进车间，吃饭在机器旁，车间成了他的家。

由于机器工艺复杂，焦裕禄就领着大家日夜攻关。其中，剃齿是齿轮光精加工的新工艺，很多同志掌握不了，车间领导把任务交给小于和小孙。要是别的活，他们俩可以倒班，可这种零件加工工艺复杂，一个人干不了，他们便合起来干。焦裕禄经常守在车床前，鼓励他们。还给他们打水，递扳手，借工具，喊吊车，焦裕禄在车床前守了两天两夜。工人们时常见他夜里困极了，就枕着棉袄躺在一个长板凳上睡一会儿。因为劳累，他又患了严重的胃

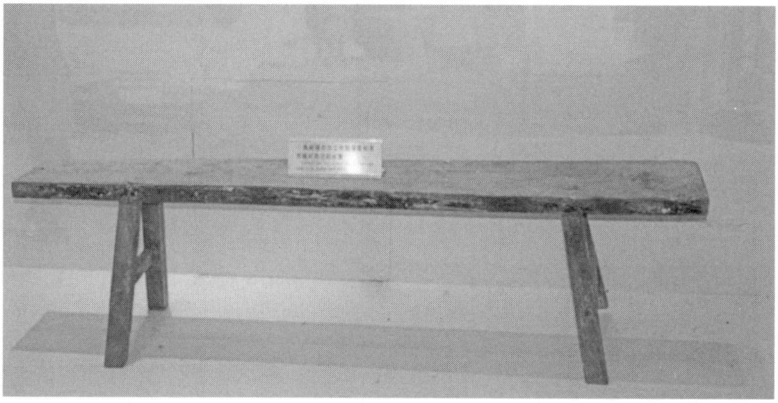

1958年，在试制2.5米双筒提升机期间，焦裕禄睡了五十多天的长板凳。

病，疼得直不起腰来，可他从不把自己的病放在心上，疼得实在扛不住了，就顺手从兜里掏出个苏打片吃吃。

青年工人小孙在车床加工零件时，零件直往外蹦铁屑，为了安全，也为方便小孙操作，焦裕禄就拿个钩子往外拉。突然，铁屑把焦裕禄的右手指头擦伤了一大块皮，小孙劝他包扎一下，但他全然不顾，还继续钩铁屑。小孙急得没办法，把车床停下来催他去包扎，焦裕禄怕影响干活才勉强到卫生所去了。

第二天，小孙问他疼不疼，他笑着说："咱这肉是橡皮做的，今天割了明天就好了，疼个啥。"可是他那只手过了半个多月才好。焦裕禄对待自己的手伤这样粗心，可他对待工作却很细心。在他的带领下，许多工人也将自己的行李搬进车间，干得热火朝天，夜以继日地赶任务。

特别是厂党委发出向"五一"节献礼的号召后，焦裕禄又一马当先，深入班组。日夜奋战在机器旁，有些工人看他实在很劳累，就劝他回办公室歇一会儿。

焦裕禄说："工作需要我在这里，咋能回办公室。"有

阅读提示

焦裕禄对工作热忱，对同志热心，对事业热爱。他敢于攻坚克难，干工作不辞辛劳，不怕流汗；他不仅身先士卒，“轻伤不下火线”，而且以自己的实际行动做榜样，激励、带领大家发愤图强，努力践行“做人要实、创业要实、干事要实”的准则，虚心听取群众的意见，积极从群众中寻找解决问题的方法。

一个同志说：“坐办公室也一样工作嘛！”焦裕禄却不同意他的这种说法，仍坚持工作在生产一线。

一天，焦裕禄领着几个工人打开盛装机器的木箱，突然发现有的木箱上印着“中国制造”四个大字，他急忙打开木箱，兴奋地将一台台崭新的国产机床抬了出来。

“同志们，你看这是咱们国家制造的机器！”焦裕禄看了又看，摸了又摸，激动地说：“同志们，加把劲，咱们也要争取早日让自己生产的卷扬机在祖国各地的矿井上转动起来！”

一天上午，焦裕禄正在车间清洗机床零件，协助安装公司加快机床的安装进度。这时，工人小赵和苏联专家因为安装脚踏板争执起来。

他见小赵年轻气盛嗓门越来越高，就急忙走了过来，把他叫到一旁，十分严肃地说：“小赵，你嗓门高，顶撞专家，不是解决问题的办法！”

小赵生气地回答道：“专家实在太过分了，他非得要依照机床的安装说明，对脚踏板木材的产地、树种要求苛刻，不切实际。”

焦裕禄说：“这是专家工作认真的表现，我们应该主动和他搞好团结，尊重专家，耐心地反映我们的实际情况，尽可能地说服专家。”

从此以后，小赵和专家相互尊重，密切合作，顺利地完成车间机床安装调试的任务。

随着全厂基本建设顺利开展，竣工后的车间机床陆续到位。一金工车间的机床设备就要安装了，9米铣床、8米龙门刨、6米立车、5米滚齿机等大型设备，需要空中行车起吊。此刻，装配起重60吨的天车待运车间。为此，厂长布置了任务，苏联专家亲自制订运输方案。要完成这项艰巨的任务，确有为难之处，负责此项任务的运输科副科长孙峰找焦裕禄商议。

焦裕禄说："办法来自群众。"于是他们一起召开技术人员会议。会上，大家认为，苏联专家的意见行不通，要把笨重的大行车在一夜之间运进去，露天的大吊车使不动，厂房及大门已建成又不能拆。最后决定，绕道到一金工车间露天跨的铁路专线，采用千斤顶高升、轨道平车两头抬进入室。同时，再换杠滚筒手工作业。对于这个难啃的骨头，从下午5点开始到零时才完成，厂长连连夸奖。焦裕禄兴奋地说："摆弄这个玩意，不虚心向内行请教是不行的。"

试制卷扬机工作正在紧张地进行着，工人们怀着为祖国争光的豪迈气概，忘我地劳动在机床边。焦裕禄一个人跟三个班劳动，夜以继日地和同志们并肩奋战，连家也不回，实在累极了，就在大板凳上躺一会儿，算是休息，醒了再干。他总嫌为党做的工作太少，从来不考虑自己。可他非常关心工人，哪位工人在晚上主动加班，焦裕禄都会三番五次地撵他回去，直到离开才罢休；谁渴了，他把开水送去；该吃饭了，他又把饭菜送到工人的面前；有人病了，他时常去看望，或者亲自把病人送到医院。因此，工人们说：“老焦心里装着咱，他待咱比亲人还亲。”

正在这时，生产上又出现新的难题。卷扬机上有一种叫轴瓦的零件，按工艺规定，这种轴瓦上要浇注一层“巴氏合金”。工人使用手工浇注，不是出现气孔，就是粘合不牢，结果出了不少废品，这不但浪费了许多贵重的钨金，而且直接影响了试制卷扬机任务的完成。

有位技术员说：“这种人工浇注的轴瓦质量虽然不太满意，但可以凑合着用，反正是试制品，凑合一下吧。”

“我们在外国实习时，这样大的轴瓦，他们也用手工浇注，质量也马马虎虎，咱们还能有什么办法？”另一个技术员说。

焦裕禄说：“国外有的，我们要有；外国没有的，我们也要有。只要听党的话，敢想敢干，发扬自力更生精神，我们就能登上世界先进科学技术的高峰。这是我们厂试制的第一台大型卷扬机，我们交给国家的产品，一定要达到高质量，绝对不能凑合！”

阅读提示

焦裕禄对工作要求十分严格，对生产一线时时监督，对产品质量严格把关，对浪费行为坚决制止。同时，他对工人十分关心，经常嘘寒问暖，尽力解决工人的生活问题。工人小陈思想出现摇摆、迷茫后，焦裕禄没有采取空洞的说教批评方式，而是找到问题的症结所在，积极开导他，从而稳定了小陈的思想和工作。

在焦裕禄的带领下，经过艰苦奋战，一金工车间试制的第一台直径2.5米的大型卷扬机，只花了3个月的时间就试制成功了！在厂的所有苏联专家都折服了，无不拍案称奇。

1958年“五一”国际劳动节那天，红旗招展，锣鼓喧天，一金工车间里的全体工人、干部，将一台披红挂绿的自制卷扬机献给了光辉的节日。

焦裕禄是试制第一台大型卷扬机的生产总指挥，克服了当时车间存在的人员不齐、设备不全、经验不足、零件毛坯供应不能及时到位等诸多困难，圆满完成了任务。

2.5米双筒提升机的试制成功，为我国的机械制造业写下了光辉的篇章！

1958年，一金工车间生产出第一台直径为2.5米的双筒提升机，图为焦裕禄（前排左三）同苏联专家及工友合影。

本章结语

焦裕禄说：“共产党员应该出现在群众最困难的时候，应该出现在群众最需要帮助的地方。”焦裕禄作为企业的中层领导，他始终饱含感情走近群众，感知百姓心声、体恤职工冷暖，为职工群众办好事、办实事。实践证明，在办公室反复讨论不易解决的问题，一旦深入基层，下到车间班组、田间地头，同一线干部职工群众商量，往往就能找到妥善的解决办法。广大党员干部都要像焦裕禄那样，带着对人民群众的真情实意下基层、转作风、增党性；要走得田间路、吃得农家饭、干得庄稼活；坚持民有所呼，我有所应，民有所求，我有所为，真正将为民情怀内化于心，外化于行。

第二十五章

政治“科长”

一个好的调度员，首先必须学会抓思想，真正做到既是调度员，又是宣传员、技术员。只抓零件不抓思想是亏本生意，先抓思想，带动零件，才是一本万利。

——焦裕禄

阅读提示

毛泽东同志说过，“我们都是来自五湖四海，为了一个共同的革命目标，走到一起来了”。作为共产党员，理想信念要坚定，政治思想要纯洁。有了坚定的理想信念和正确的政治思想，就有了强大的凝聚力和共同的奋斗目标。

1959年1月，因工作需要，焦裕禄担任洛阳矿山机器厂生产调度科科长。他常说：“一个好的调度员，首先必须学会抓思想，真正做到既是调度员，又是宣传员、技术员。只抓零件不抓思想是亏本生意，先抓思想，带动零件，才是一本万利。”焦裕禄初到调度科时，发现不少人还背着思想包袱，有的认为干调度是上压下顶，两头受气，出力不讨好；有的认为干调度，整天跑腿学不到技术，搞不出名堂。针对这种情况，他对调度科副科长刘玉营说：“老刘呀，你干了几年调度，感到科里的工作怎么样？你有什么感受？”

老刘直率地说：“干咱这一行，一个是嘴，一个是腿，嘴要能说，腿要能跑，心里常记着计划，工作就能搞上去。”

焦裕禄耐心地听完，恳切地说：“老刘呀，你说的不错，只是最根本的一条没有说到，那就是用政治指导业务。”

接着焦裕禄语重心长地说：“老刘，今天的《人民日报》有一篇文章，很适合你看，希望你好好学习，完成组织交给的任务。”在焦裕禄看来，一个共产党员应该以严谨的工作态度和真诚的心对待群众。他常说："一个共产党员要密切联系群众，做群众的知心朋友，要帮助群众进步，首先就要有一颗对党对群众的赤胆忠心，不能有任何私心杂念。有了私心杂念就会忘掉党性，人也会变得自私起来，听不到群众的心声，摸不到群众的脉搏。"

一个星期六的晚上，焦裕禄找到刘玉营诚恳地说："老刘呀，为什么你的调度工作这么忙乱？"

"工厂调度是指挥全盘生产的枢纽，这里找你要人，那里找你要料，今天这个车间吵着计划完不成，明天那个车间嚷着某个工序影响了执行计划，天天像打仗一样，哪能不忙乱？"刘玉营一个劲儿地发牢骚。

"就没法解决这个问题吗？"

"有啥办法，工作性质就是这个，我也巴不得能有个好办法哩！"

"我虽然初来，可仔细琢磨咱们的工作，我觉得忙乱问题可以解决。"焦裕禄说。

老刘急忙问："那你说说咋解决？"

"我认为越是生产繁忙，我们管生产的，就越不能光靠下调度命令，光讲零件、光要数字。依我看，要调度好生产就要先'调度'好思想。"

在一次调度会上，等参加会议的人都到齐了，焦裕禄一没讲计划，二没讲零件，而是在每个人的面前放上一张白纸，然后说："今天先来个考试，题目是：'今年全厂的中心任务是什么？最近厂党委提出了哪些行动口号？'"经他这么一问，有的人摇摇头说："生产会议不讲生产，考试能有啥用？"考试的结果出来了，有人交了白卷，焦裕禄站起来，手里拿着考卷说：“今天，我不是故意给大家出难题，而是想通过考试让大家明白一个问题，调度员如果心中不了解全厂的中心任务，不了解厂党委的意图，工作就分不出轻重，也就很难全面完成厂里的计划。”

散会后，大家议论道：“老焦这一手真高，今后，咱一定要认真学习，吃透上级文件精神。”从这以后，每逢开会他就常常给大家念文件，读一段报纸社论，然后再布置具体任务。有一次，他问青年技工小张：“小张，你们金工车间不是有一根中间轴报废了吗？料补上了没有？处理没有？”这一连串的问题，小张一个也答不上来。这时，焦裕禄打开笔记本，一个一个地说给小张听。接着又领小张到车间，找到那根报废的中间轴，要求该金工车间尽快把这活赶出来。作为调度科长，焦裕禄无论是在车间工作还是在厂部工作，每天都少不了下车间转转，所以他能够了解实际情况，发现问题快，主意拿得准，指挥生产灵。

在研究如何增产节约时，焦裕禄经常结合厂党委最新的指示制定计划。时间一长，大家就摸出一条规律，每逢开会，只要一听他念的文件内容，就可以推断出会议要解决的问题。焦裕禄每当安排生产任务时，总是先把工人们的积极性调动起来。

1961年夏，有一个月度生产计划是加工齿轮的任务，一金工车间的干部估算了一下任务数，认为超过了生产能力，不能按期完成，就立即向调度科提出削减任务的要求。开调度会的前一天晚上，一金工车间副主任初玉玺和车间的两个同志认真地算了算细账。在第二天的会议上，初玉玺把车间滚齿机床的生产能力、负荷数据以及对计划的具体意见说了一遍，心想：这下可该给我们削减任务了吧。可是，在调度会上，焦裕禄仍没提削减任务的事，只是散会时把初玉玺留了下来。

焦裕禄开门见山地说："老初呀，你谈的情况很实际，但是，你们怎么不想想办法完成任务？"

"我们确实有困难，任务那么重，滚齿机床就那么几台。"

"发动工人讨论一下，看能不能想点别的办法。"

"就那么几个技工，其他都是学徒工，把大家的劲儿鼓得再大，也完不成生产计划呀！"

"昨天，我在你们车间征求了一下工人的意见，他们提出的办法值得我们考虑。"

"什么办法？"初玉玺迫不及待地问。

焦裕禄说："现在滚齿机组才开两班，要是开三班，你看咋样？"

"开三班，完成任务应该没问题，可是技术人员呢？"

"技术人员，也在你们车间找嘛！"

初玉玺回到车间和工人们商量，几个老工人说："我们滚齿机组完全可以开三班，人好办，可以让学徒工看车，技工巡回指导，这样既可以保证完成任务，又可以更好地培养锻炼学徒工！"一金工车间工人的建议，得到厂领导的支持，批准他们增开班次，以学徒工顶班，这项关键性的加工齿轮的任务，终于提前几天完成了。事后初玉玺见到焦裕禄激动地说："老伙计，你真有办法！"

"办法是工人群众教给我们的，只要把群众发动起来，什么困难都能克服，我们当领导的不能光管机器零件，头脑里首先要有政治，重要的是不要忘了做人的思想政治工作。”由于焦裕禄在工作中善于抓政治、抓思想，所以大家都称他是位“政治科长”。

本章结语

工作要高效完成，思想政治工作首先要跟上。工厂管理工作千头万绪，但首先要解决职工思想问题，把思想政治工作渗透到工作中的各个环节。因此，要学习焦裕禄同志当年在洛阳矿山机器厂任调度科长时做思想政治工作、推进工作的方法，采取多种渠道和方式，把思想政治工作有效地融入工作之中；要学习焦裕禄采取“望、闻、问、切”的方法，抓好职工思想政治教育。“望”，察言观色，即透过“进门看脸色、干活看劲头”的表象，了解职工所思所想，及时掌握职工情况，化解不利因素；“闻”，倾听员工呼声，即在倾听中查错纠偏，改进工作方法，让自己变得“耳聪目明”；“问”，不耻下问，即把员工拥护不拥护、赞成不赞成，作为思想工作的出发点和落脚点，减少阻力、增进动力，形成合力；“切”，是从思想上尊重员工，感情上贴近员工，工作上依靠员工，生活上关心员工，真心实意地为员工把脉并开出满意的药方，让员工感到受尊重和被认可。

参考文献

［1］ 化汉三主编：《难以忘却的怀念——焦裕禄回忆录》，河南大学出版社1992年版。

［2］ 何香久：《焦裕禄传》，河南文艺出版社2012年版。

［3］ 中共兰考县委宣传部、兰考县档案局编：《焦裕禄在兰考的日日夜夜》，河南人民出版社1990年版。

［4］ 殷云岭、陈新：《焦裕禄传》，花山文艺出版社1995年版。

［5］ 周长安、赵永祥、吴玉青编著：《焦裕禄在兰考的475天》，中州古籍出版社2014年版。

［6］ 翟自豪编著：《兰考黄河志》，黄河水利出版社1998年版。

［7］ 中共开封市委宣传部《焦裕禄》创作组：《焦裕禄》，华夏出版社1990年版。

［8］ 焦裕禄干部学院编著：《永恒的丰碑——焦裕禄的故事》，大象出版社2014年版。

［9］ 焦裕禄干部学院编著：《做最好的党员——向焦裕禄同志学习》，华中科技大学出版社2014年版。

［10］ 魏治功主编：《焦裕禄读本》，河南人民出版社2011年版。

［11］　胡安志、毕国强编著：《清正廉洁焦裕禄》，河南人民出版社2013年版。

后记

“有的人活着， 他已经死了；有的人死了， 他还活着。”焦裕禄已经离开我们50多年了，但人们对他的怀念和呼唤从未停止，他的精神跨越时空，历久弥新。

当年，《人民日报》《光明日报》《解放军报》《红旗》杂志等权威报刊发表的一篇篇社论已在历史上定格。这么多年来，全国上下学习焦裕禄的热情从未消减；电影、电视剧、音乐剧、书籍层出不穷，社会各界对焦裕禄事迹的探寻从未停止。不可否认的是，人们的焦点更多地集中在他生命中最璀璨的篇章——他在兰考度过的日日夜夜和他生命的最后时刻。正如郭沫若所说：“青年需要经受各种锻炼。所谓百炼成钢，在暴风雨中成长，就是这个道理”。焦裕禄在青少年时代锻造了不屈的灵魂和强大的精神力量，最终成就他光辉的一生。缘于此，焦裕禄干部学院专门抽调人员编写了《信仰的力量——焦裕禄的青少年时代》一书，旨在让读者更加完整地了解焦裕禄的成长轨迹，更加全面地感知焦裕禄在青少年时代散发出的人格魅力和朴实情怀。

该书描述了焦裕禄幼年时期讨饭、青少年时期在矿山挖煤、青壮年时期参加民兵剿匪和奋斗在工业战线的经历，时间跨度为20世纪30年代到60年代初，他的足迹从山东淄博老家辗转至辽宁抚顺、江苏宿迁、河南开封、黑龙江哈尔滨、辽宁大连、河南洛阳等地。幼时的苦难滋养了他那朴素的平民情怀，敌人的鞭打磨炼出他那坚如磐石的意志，前线的炮火锻造出他豁达顽强的品格，与匪霸的斗争造就了他多谋善断的能力，精密的机器零件运转催生了他科学求实的领导方法……这位勇士将自身化为一把巨斧劈开他人生的黑暗，并最终走上一条峥嵘之路。在这条路上，他抛开自我、忘却自我、点燃自我，造福于他一生牢记的人民群众。我们慨叹：何以他能够在短短的一年多时间里找到治理“三害”的办法，让兰考面貌改变、群众有吃有穿成为现实？为什么直到今天无数兰考老百姓一提起他就潸然泪下？为何这么多的各级领导、军人、作家等各行业的人们在他墓前列队凭吊？若此书能够让读者从中读出一点感动、解答一些疑惑、悟出些许道理，那么编者也就欣慰不已了！

责任编辑:孔　欢
封面设计:徐　晖
版式设计:姚　雪

图书在版编目(CIP)数据

信仰的力量:焦裕禄的青少年时代/焦裕禄干部学院 编著.—北京:
人民出版社,2019.9(2021.4 重印)
ISBN 978-7-01-020475-8

Ⅰ.①信…　Ⅱ.①焦…　Ⅲ.①焦裕禄(1922—1964)-先进事迹　Ⅳ.①D263

中国版本图书馆 CIP 数据核字(2019)第 039014 号

信仰的力量
XINYANG DE LILIANG
——焦裕禄的青少年时代

焦裕禄干部学院　编著

人民出版社 出版发行
(100706　北京市东城区隆福寺街 99 号)

北京汇林印务有限公司印刷　新华书店经销

2019 年 9 月第 1 版　2021 年 4 月北京第 2 次印刷
开本:710 毫米×1000 毫米 1/16　印张:19.5
字数:203 千字　印数:1,001-4,000 册

ISBN 978-7-01-020475-8　定价:56.00 元

邮购地址 100706　北京市东城区隆福寺街 99 号
人民东方图书销售中心　电话 (010)65250042　65289539